ROBERT SACHS DAS LEBEN VOLLENDEN

ROBERT SACHS

Das Leben vollenden

Wie wir Sterbenden helfen,
wie wir uns auf den eigenen Tod
vorbereiten können

Aus dem Amerikanischen
von Katrin Ehmke

ZWEITAUSENDEINS

Deutsche Erstausgabe.
1. Auflage, Juni 1999.
2. Auflage, Oktober 1999.

Die amerikanische Originalausgabe ist 1998 unter dem Titel »Perfect Endings. A Conscious Approach to Dying and Death« bei Healing Arts Press, Rochester, Vermont, erschienen.

Lektorat Ekkehard Kunze, (Büro W, Wiesbaden).
Umschlaggestaltung Johannes Paus.
Satz und Herstellung Dieter Kohler GmbH, Nördlingen.
Druck Wagner GmbH, Nördlingen.
Einband G. Lachenmaier, Reutlingen.
Printed in Germany.

Dieses Buch gibt es nur bei Zweitausendeins im Versand, Postfach, D-60381 Frankfurt am Main, Telefon 069-420 8000 oder 01805-23 2001, Fax 069-415 003 oder 01805-24 2001.
Internet www.zweitausendeins.de, E-Mail info@zweitausendeins.de.
Oder in den Zweitausendeins-Läden in Berlin, Düsseldorf, Essen, Frankfurt, Freiburg, 2x in Hamburg, in Hannover (ab November 1999), Köln, Mannheim, München, Nürnberg, Saarbrücken, Stuttgart.

In der Schweiz über buch 2000, Postfach 89, CH-8910 Affoltern a. A.

ISBN 3-86150-309-3

Das Sterben meines Vaters brachte Heilung und Erneuerung für das Band der Liebe zwischen meiner Mutter Thelma, meinen Schwestern, Joanne und Jacqualine, und mir. Dieses Buch ist ihnen gewidmet.

Inhalt

Geleitwort

Wenn Schmerz, Krankheit und Verderben in das Leben treten, ist es dann richtig zu sagen, daß die Dinge eben so sind, wie sie sein sollen? Kann es so sein? Oder versucht man einfach, im Spirituellen eine greifbare Erklärung für ein Schicksal zu finden, das keiner akzeptieren möchte?

Der Autor des vorliegenden Werkes erlaubt uns in diesem feinfühlig geschriebenen Buch, als Eingeweihte an den inneren Vorgängen des Sterbens und des Todes einzelner Menschen teilzuhaben. Es sind Menschen, die er beruflich als Sozialarbeiter eines Hospizes oder privat als spiritueller Führer und Freund begleitet hat – unter ihnen sein eigener Vater.

Jeder einzelne von ihnen begibt sich auf eine Reise durch die Erfahrungen des Sterbens. Es wird geschildert, wie es zu einer Wandlung der Schmerzen und des Leidens kommt, bis die Sterbenden in sich selbst in einer inneren Landschaft zur Ruhe kommen. Wir gehen gemeinsam mit diesen Seelen auf die Reise durch jenes Reich und sehen, wie jede die Aufgabe meistert, das Leben, wie wir es kennen, und letztendlich auch den Körper zu verlassen. Es eröffnet sich uns der Blick auf hologrammartige Bilder eines bislang kaum erschlossenen Grenzgebietes. Das Vorankommen auf dieser Ebene des Lebens geschieht, wie auf allen anderen Ebenen auch, nur schrittweise; die Aufgaben der einen Ebene müssen gemeistert werden, bevor man zur nächsten weiterschreiten kann. Jede Stufe unseres Lebens ist nicht nur eine Herausforderung, sondern verhilft uns auch zu dem Wissen über das Weiterkommen im nicht endenden Entwicklungsprozeß, der unseren Daseinshorizont stetig erweitert. Die Stufe des Lebens, die zum Tod führt, wird selten als ein Schritt zur Erweiterung angesehen. Für gewöhnlich gilt sie als Deckel, der diesen Prozeß abschließt. Es ist ganz klar eine der Aufgaben, die auf der Stufe des Sterbens und des Todes erfüllt werden müssen, sich von dem begrenzten menschlichen Glauben zu trennen, daß der Tod das Ende des Lebens sei. Dieses Buch führt uns mitfühlend und meisterhaft an diese Erkenntnis heran.

In seinen ergreifenden Geschichten beleuchtet Robert Sachs das Auf- und Abwogen der Welle des menschlichen Geistes in unserer körperlichen Hülle, das uns durch den Evolutionsprozeß steuert. Energien von Patient, Beistandleistenden, beruflich Beteiligten, Freunden, Liebenden und Familien wirken alle zusammen zu einem großen Ganzen. So lernen alle gemeinsam mit denjenigen, die das Ruder übergeben.

Judy Martin, Psychotherapeutin

Vorwort

Die Geschichten in diesem Buch sind wahre Geschichten. Es sind jedoch meine ganz persönlichen Interpretationen der Ereignisse – wie jede Geschichte eine Interpretation ist –, und die Charakterisierungen der Menschen sind gänzlich subjektiv. Mit Ausnahme derjenigen Personen, die namentlich genannt werden wollten, sind alle Namen geändert und teilweise auch die Geschlechter der Personen. Um darüber hinaus die Anonymität zu wahren, habe ich einige Orte sowie einige Details des Geschehens geändert, die für die Kernaussagen der Geschichten unerheblich sind. Die ärztliche Schweigepflicht gebot, daß keine Krankenblätter zur Untermauerung der geschilderten Ereignisse herangezogen wurden.

Meine Intention war es, jeden Menschen im besten Licht erscheinen zu lassen. Auch dann, wenn meine Anmerkungen einen eher kritischen Ton haben, war es nicht mein Ansinnen, irgendjemand zu diskreditieren, vielmehr wollte ich Verhaltensweisen aufzeigen, die jeder von uns einmal kritisch betrachten sollte. Wir lernen alle gegenseitig voneinander; und wenn wir das Gute in uns gewinnen lassen, erkennen wir, daß die Lehren, die wir aus zwischenmenschlichen Beziehungen erhalten, uns die Möglichkeit bieten, zu wachsen und unser wahres Potential zu entfalten.

Einleitung

Wer Sie auch sind, wenn Sie dieses Buch zur Hand genommen haben, dann ist es auch für Sie bestimmt. Wenn man ein Buch schreibt, ist eine der Standardfragen der Verleger: »Wer ist das Zielpublikum?« In diesem Fall ist es ganz einfach so, daß jeder von uns sich mit dem auseinandersetzen muß, worum es in diesem Buch geht: um den Tod. Jeder wird irgendwann seinem Tod gegenüberstehen. Wir sind Freunde, Geliebte, Bekannte, Eltern, Verwandte oder Kinder von Menschen, die sterben werden. Im Kontinuum unserer menschlichen Erfahrung sind einige von uns schon gemeinsam mit anderen dem Tod begegnet oder werden es irgendwann tun. Das sind Unabänderlichkeiten, denen wir uns nicht entziehen können.

Diese Tatsache »schrecklich« zu nennen, würde bedeuten, daß man bereits ein Urteil gefällt hat und eine Voreingenommenheit gegenüber etwas aufbaut, das genauso zu unserem Leben gehört wie unsere Geburt und jede einzelne Erfahrung, die wir im Laufe unseres Lebens machen. Einfach zu sagen, daß der Tod eben zum Leben dazugehört, würde andererseits zu abgeklärt und selbstgefällig klingen – besonders für die, denen schon einmal das Sterben und der Tod eines anderen nahegegangen sind. Und das möchte ich gleich zu Anfang sagen: die Erfahrung des Todes, sei es unser eigener oder der eines anderen, geht einem sehr nahe, und dabei spielt es keine Rolle, wie abgeklärt und distanziert oder gefühlsmäßig gerüstet man sein mag.

Der Tod ist eine der nackten Tatsachen des Lebens. Aber wenn wir unsere eigene Sterblichkeit erfahren oder das Ableben eines anderen miterleben, lernen wir im Vergleich zu sonst so viel und machen so ungeheuer viel durch, daß unsere Liebe zum Leben auf die härteste Probe gestellt wird. Der Tod ist unser letzter Lehrmeister, unsere letzte Lektion und der letzte Ausdruck des Lebens, das wir gelebt haben. Es ist unser glänzendster Augenblick. Warum? Weil wir alles, was wir über das Leben gelernt haben, jedes irgend zu mobilisierende Quentchen Kraft und Mut brauchen, wenn wir dem Tod ins Gesicht blicken. Nur so können wir alles, was wir kennen und worauf wir vertrauen, zurücklassen, wenn wir in das Unbekannte aufbrechen. Denn selbst wenn wir uns mit großen Lehren über das, was nach unserem letzten sichtbaren, weltlichen Atem folgt, beschäftigt haben, selbst wenn wir schon einmal in Todesgefahr geschwebt haben, selbst wenn wir tiefe meditative Erkenntnisse gewonnen haben: unser Wissen und die Reserven, die wir uns geschaffen haben, basieren doch immer nur auf der untrennbaren Einheit von Geist und Körper und stehen in wechselseitiger Beziehung zu ihr. Ist diese vergangen, wie wird sie dann aussehen, unsere Reise über die unbekannten Gewässer jenseits unseres letzten irdischen Atemzugs?

Ich spreche hier als Sozialarbeiter, der einzelne Menschen und Familien auf dem Sterbeweg begleitet hat, als Vater, der mit dem Tod einer seiner Töchter konfrontiert wurde, und als Sohn, der die letzten Momente des langsamen Dahinscheidens seines Vaters miterlebt hat. Diese letzten Momente sind nicht unsere schwächsten. Man muß lernen, zwischen Schwäche und Verwundbarkeit zu unterscheiden. Ob man scheinbar »gefaßt« ist oder sich fühlt, als sei man »total durch den Wind«, die Zeit, in der man dem Tod gegenübersteht, ist die Zeit, in der alles, was man bis dahin in seinem Leben erreicht hat, Früchte zu tragen beginnt. Man ist in Höchstform. Darum kann ich auch auf die Frage, ob meine Arbeit als Sozialarbeiter eines Hospizes nicht deprimierend sei, mit einem deutlichen »Nein« antworten. Das heißt nicht, daß die Trauer und die gesamte Bandbreite an Emotionen, die die einzelnen Menschen und Familien empfinden, mich unberührt lassen. Aber wenn wir das Sterben und den Tod als prächtig und reich ansehen und wir dafür all unser Vermögen aufbringen, mit dem das Leben uns bisher beschenkt hat, so werden wir nach den Stärken der Menschen und der Familien suchen und diese unterstützen. Denn nur so können wir so viel Sinn wie möglich aus diesem Moment ziehen, der geradezu nach einer Antwort auf die Frage nach dem Sinn des Lebens schreit.

Dieses Buch soll uns voll und ganz bewußt machen, daß das Lebensende, dem man beiwohnt, eine Vollendung ist – ganz gleich, wie unsere Erfahrung mit dem Sterben und dem Tod aussieht. Aus den unzähligen Momenten des Lebens ist es einer der ergreifendsten, wenn nicht der ergreifendste Moment. Man bringt die gesamte Summe dessen, was das eigene Leben bisher ausgemacht hat, zu diesem Moment mit. Was in dieser Zeit passiert, ist daher vollendet. Wie könnte es anders sein?

Vollendet soll daher auch nicht wertend gemeint sein, wie etwa gut oder schlecht. Es gibt zahllose Bücher darüber, wie man sich auf den Tod vorbereiten oder Sterbenden als Beistandleistender helfen kann, so friedlich wie möglich zu sterben. Diese Bücher haben alle ihren Wert. Man kann bestimmt immer etwas Neues dazulernen, wie man besser mit einer Situation umgeht. Solch ein Wissen kann unsere Sicht aber auch einschränken und uns in einen Bezugsrahmen sperren, der uns unsere Intuition und Spontaneität nimmt. Uns geht dadurch die Weisheit abhanden, die man erlangt, wenn man über die Grenzen seines Wissens und seiner vorherigen Erfahrungen hinausgedrängt wird.

Der Tod und das Sterben erfüllen uns in den meisten Fällen nicht unsere Wünsche. Die meisten von uns leiden unter der Illusion, auf solche Momente vorbereitet zu sein. Vielleicht können wir gar nicht bei den Sterbenden sein, wie wir es vorgehabt haben. Vielleicht gibt es irgendwelche Gründe, daß wir es nicht schaffen, rechtzeitig zu ihnen zu kommen. Was, wenn sie unseren guten Ratschlägen nicht zuhören können oder wollen? Wissen sie überhaupt um unsere bedingte oder bedingungslose Unterstützung? In dem Zustand, in dem sie sich befinden – erkennen wir da überhaupt, ob sie uns oder unseren Bemühungen Anerkennung zollen? Und diejenigen, die im Sterben liegen: Vielleicht wünschen diese sich einen friedlichen Tod und machen entsprechende Pläne, aber ihre Schmerzen geraten außer Kontrolle. Gibt es irgendeine Gewißheit, ob man den Tod bewußt oder unbewußt, voll Qual oder innerem Frieden erleben wird? Und was ist mit Unfällen, oder wenn der Tod ganz plötzlich eintritt? Die Ursachen hier sind ebenso real, nur sind sie nicht so offenkundig wie in den Fällen, in denen der Tod vorhersehbar ist, mit einhergehendem körperlichen und seelischen Schmerz und Leid. Wäre es nicht möglich, daß ein verworrenes System von Ursachen und Bedingungen am Werk ist? Daß wir es vielleicht auch erahnen, aber es vorziehen, es zu übergehen?

Sollen wir etwa alle unerwünschten und unwillkommenen Umstände als »schlecht« und »schicksalhaft« bewerten? Sind die unerwünschten Erlebnisse und allerlei schwierigen und verwirrenden Gefühle weniger vollendet als die hermetisch abgeschlossenen, (form)vollendeten Sterbe- und Todesszenen, die wir in unserer Vorstellung heraufbeschwören, damit wir diesem entscheidenden, Gänsehaut verursachenden Moment nicht offen, ehrlich und mit aller Konsequenz entgegensehen müssen? Dürfen wir erlauben, daß auf vorgefaßten Meinungen beruhende Erwartungen in uns ein Wertesystem entstehen lassen, das vorschreibt, wie man mit solchen Situationen umzugehen hat? Ist es in einem solchen Moment wirklich angebracht, überhaupt ein menschliches Urteil zu fällen? Wer würde sich erlauben, ein Urteil über einen Gott zu sprechen – ganz gleich, wie wir uns dieses höhere Wesen vorstellen, an das wir glauben und dem wir vertrauen oder eben nicht? Sicher gibt es Menschen, die behaupten, göttliche Botschaften zu empfangen. Aber hat ihr Trost oder ihre Verdammung für unseren eigenen Weg zum Erwachen auch über den Moment hinaus Nutzen und Wert in unserem eigenen Lebensfluß, sei es im positiven oder im negativen Sinne?

Eine der Grundannahmen für dieses Buch lautet, daß kein einziger Moment umsonst gelebt wird. Gesetze von Ursache und Wirkung gibt es im abend- wie im morgenländischen Kulturkreis. In der Bibel heißt es: »Was der Mensch sät, das wird er ernten.« In der Überlieferung der Hindus und des Buddhismus sind es die Gesetze des Karma. Diese Gesetze sind auf jeden einzelnen Moment, den wir erleben, direkt anwendbar. Wenn man also dem Tod in Frieden entgegengeht, so ist *das* Vollendung. Wenn man ihm voll Angst begegnet, so ist *das* Vollendung. Ein friedlicher Tod ist vollendet. Ein Tod voll Qual und Todesangst ist vollendet. Wenn man im Schlaf dahinscheidet, ist es die Vollendung. Wenn man dem Tod mit rot unterlaufenen Augen und Blut speiend ins Antlitz starrt, ist es die Vollendung. Wenn ich gerade aus dem Zimmer trete, während mein Geliebter alleine stirbt, ist es die Vollendung. Wenn einer den Flug verpaßt, mit dem er es noch geschafft hätte, sich zu verabschieden, ist es die Vollendung. *Man verpaßt nichts dadurch, daß es nicht anders gekommen ist.* Man lebt sein eigenes Leben und lernt seine eigenen Lektionen, wenn die Zeit dafür gekommen ist, jeder auf seine Art. Es könnte in keiner Weise anders sein. Wenn es das wäre, wäre es nicht mehr das eigene Leben – und hielte auch nicht mehr das reiche Potential bereit, welches das Leben jedem einzelnen von uns jeden Augenblick von neuem bietet.

Dies soll keine Schönfärberei sein. Es macht mich ganz genauso traurig, wenn ich bei jemandem bin oder von jemandem höre, dessen Tod schwer und sehr schmerzvoll war und wie die um ihn herum gelitten haben. Aber für mich wäre es unehrlich und arrogant, einen Lebensentwurf zu favorisieren, der eben doch romantische und idealistische Vorstellungen davon verträte, was »vollendet« sei und wie wir mit unseren letzten Momenten umzugehen haben. Denn es wäre doch nur ein Entwurf, der auf meiner vorgefaßten Meinung oder vielleicht auf meinem begrenzten Verständnis der vorgefaßten Meinung eines anderen beruhte, sei sie weltlich oder geistlich. Zugegeben, es gibt Muster vom Sterben und vom Tod, die Möglichkeiten aufzeigen, wie man positiv und bewußt auf den Tod zugehen und das Meer der Trauer durchqueren kann. Selbst die Lektüre dieses Buches kann uns dazu bringen zu sagen: »Hätte ich das gewußt, *das* hätte ich dann anders gemacht.« Aber vielleicht wäre eine andere Wahl in der Situation, in der man sich befand, nicht vollendeter gewesen als die, die man getroffen hat. Sie wäre bloß anders gewesen. Wenn Sie das Modell, das ich aus meinen Erfahrungen hier für Sie entwerfe, voll und ganz für sich übernehmen würden – ich beraubte Sie der schieren Ehrfurcht vor all den Möglichkeiten des Lebens, all des Wunderbaren und Neuen an jedem Augenblick, ganz gleich wie entsetzlich er zunächst erscheint. Modelle haben ihren Sinn. Sie können uns helfen, unsere Erfahrungen zu ordnen. Aber sie sollten nie das Vertrauen in die Stimme unseres Herzens ersetzen. Ein Modell kann nie ganz die Vielschichtigkeit der Wirklichkeit und des Lebens vermitteln und kann daher immer nur dazu benutzt werden, das Leben innerhalb der Grenzen, die es dem Leben setzt, zu bewerten. Sich strikt an ein weltliches oder geistliches Modell oder Weltbild zu halten, würde auf seine eigene teuflische Art unsere menschliche Erfahrung herabwürdigen. Vermutlich würde es nur dazu beitragen, daß das in unserer Gesellschaft ohnehin schon vorhandene Bedauern über existierende oder nicht existente Modell für das Sterben und den Tod noch anwächst.

Das Buch besteht aus einer Reihe von Geschichten. Diese Geschichten sind alle insofern wahr, als sie Wahrnehmungen und Reflexionen von Situationen sind, in denen ich persönlich zugegen war. Es sind Geschichten von Schmerz und jenseits des Schmerzes, von Hoffnung, Angst und Frieden. Sie beschreiben qualvolle, erleuchtende und humorvolle Momente. Jede ist auf ihre Art überwältigend. Aber das kann ich versichern: In dem Moment, da sie sich ereigneten, wußten die allerwenigsten Beteiligten, welch großes, lebensbedeutendes Potential in diesen Situationen steckte, es hätte ihnen auch kaum gleichgültiger sein können. Denn im wahren Leben lassen Raum und Zeit keinen Platz für einen solchen Luxus.

Aber in welche Lage oder Zwangslage der Tod Sie auch versetzt: Sie sollten über den geistigen Freiraum und spirituelle Möglichkeiten verfügen, Ihr Verhalten zu akzeptieren und Ihren Frieden damit zu schließen, wie Sie dem Tod begegnet sind, ihm gerade begegnen oder begegnen werden. Dies, liebe Leserin, lieber Leser, ist mein Anliegen, ist meine Motivation, diese Momente mit Ihnen teilen zu wollen. Ich würde mir wünschen, daß Sie aufgeschlossen genug sind, Ihre Wertvorstellungen darüber, was im Angesicht des Todes gedacht, gefühlt oder getan werden sollte, einmal unberücksichtigt zu lassen, daß Sie Ihre vorgefaßten Meinungen hinter sich lassen und wahrnehmen, was ein solcher Moment für Sie bereithält oder -hielt. Denn nur allzu leicht kann dieser Moment erstickt, können die Botschaft entkräftet und die Lehre gemildert werden: durch Strenggläubigkeit, ein Übermaß an Sentimentalität oder indem man sich mittels der Philosophie distanziert, statt sie zu leben. All dies raubt dem Moment des Todes das Wunderbare und Neue, das er in Wahrheit besitzt. Aber auch jene Geisteshaltungen und Ansichten werden ihre Vollendung erfahren, wenn die Zeit dafür gekommen ist. Auch sie dürfen daher nicht allzu hart beurteilt werden. Man kann nur dort beginnen, wo man ist. *Gehen Sie nicht so streng mit sich ins Gericht*.

Solche Phrasen wie »laß deine Wertvorstellungen außer Acht« oder »geh nicht so streng mit dir ins Gericht« können leicht wie religiöse oder moralische Platitüden wirken. Es kann passieren, daß man sie dann gegen sich richtet, statt sie als Hilfe zu sehen, und sich selbst damit straft. Denn die Fähigkeit, seine Wertvorstellungen einmal außer Acht zu lassen oder nicht so streng mit sich ins Gericht zu gehen, ist das Ergebnis eines Prozesses, in dem wir lernen, uns immer eher dabei zu erwischen, wie wir uns mal wieder ein zu hartes Werturteil bilden oder uns selbst für etwas züchtigen. *Sich selbst dabei erwischen* ist also die wichtigste Art, wie wir die Eigenschaft entwickeln können, milde zu uns zu sein. Genau gesagt ist es das wichtigste Anliegen dieses Buches: *sich selbst dabei zu erwischen*. Oder fassen wir es in die einfachen Worte: *Seien Sie achtsam*. Finden Sie Wege, wie Sie die Fähigkeit erlangen können, Ihre Augen weiter zu öffnen – um vielleicht die feineren Fäden zu entdecken, die sich durch Ihren Lebensstrang ziehen und Sie an diesen Punkt gebracht haben. Richten Sie Ihre Achtsamkeit nicht nur auf die Gegenwart, sondern denken Sie auch über die Tage, Wochen, Monate und vielleicht Jahre nach, die Sie zu diesem Moment geführt haben – sei dieser Moment Ihrem eigenen Tod nahe oder ein Moment der Trauer. Jede Geschichte vermittelt Wissen und Ansichtsweisen, die im Hier und Jetzt, für die Vorbereitung auf das, was kommt, oder bei der Verarbeitung von Geschehenem hilfreich sein können. *Betreiben Sie mit diesem Wissen keine Selbstzüchtigung*. Benutzen Sie es, wenn Sie möchten, als ein Mittel, Ihre persönlichen Ressourcen auszubauen. Sie befinden sich in einem kontinuierlichen Lernprozeß. Die Schule des Lebens ist nicht aus, ehe die letzte Stunde geschlagen hat. Und selbst dann, wenn man das Abschlußzeugnis seines Lebens erhält, wird darauf vermerkt sein, welche Fächer man als nächstes belegen muß. Denn ganz egal, woran wir glauben – an den Himmel, die Hölle, ein anderes Leben –, wir arbeiten uns stetig durch ein verworrenes und oft unverständliches Labyrinth, das nichtsdestotrotz durchdrungen werden kann und uns an unser ursprüngliches Ziel führt.

Es gibt keinen guten Tod; es gibt keinen schlechten Tod. Es gibt einfach nur den Tod. In welcher Form er auch zu uns kommt, es ist der vollendete Abschluß des Lebens, das wir gelebt haben. Wenn man trauert – ob man um das Leben trauert, das man verlieren wird, oder um den Verlust von jemandem, der einem nahestand –, wie soll man sich verhalten? Wenn Sie jemanden verlieren, der Ihr Leben berührt hat, nach wievielen Monaten oder Jahren soll die Wunde, die der Weggang dieser Person hinterläßt, aufhören zu schmerzen? Und was heißt es überhaupt, angesichts von Tod und Trauer wieder zur »Normalität« zurückzukehren?

Trotzen Sie jedem – auch sich selbst –, der ein Urteil über Ihr Leben fällen will und bewertet, wie Sie mit dem Tod umgehen oder umgegangen sind. Wenn Sie achtsam sind, sich von der Neigung, sich Urteile zu bilden, losmachen, und nach und nach nicht mehr so streng mit sich ins Gericht gehen, öffnet sich Ihnen das Wunder aller Schöpfung, und ein wunderbares Leuchten tritt immer klarer hervor, bis es schließlich Wirklichkeit wird. Das ist das wahre Leben. Es mag sein, daß wir zu dieser Tatsache unser ganzes Leben lang nicht erwachen. Vielleicht bekommen wir Augenblicke geschenkt, in denen wir das Strahlen des Lebens kurz aufblitzen sehen, oder wir entdecken es in unserer Lebensgeschichte, während wir durch das Labyrinth unserer täglichen Geschäfte hasten. Sehr wahrscheinlich aber werden wir – wie in den Momenten, da wir einer Geburt beiwohnen oder einer großen Prüfung unterzogen werden – in den Momenten des Todes und des Sterbens diese Wahrheit offenbart bekommen. Es muß nicht zwangsläufig so sein. Es ist nur so, daß das Sterben und der Tod solch große Lehrmeister sind.

Der große christliche Philosoph Pierre Teilhard de Chardin hat einmal gesagt: »Wir sind nicht menschliche Wesen, die spirituelle Erlebnisse haben, sondern spirituelle Wesen, die menschliche Erlebnisse haben.« Wenn wir das Sterben und den Tod unter diesem Aspekt betrachten, so hieße das: Nicht die bestimmte religiöse Neigung oder Ausrichtung, mit der wir dem Tod entgegengehen, macht ihn zu der starken spirituellen Erfahrung, als welche ihn die großen Traditionen darstellen, sondern er ist eine solche Erfahrung, weil wir im Angesicht des Todes genausoviel menschliche Reserven zusammenraffen wie ein Weiser oder Mystiker für seine spirituellen Übungen und Prüfungen. Der »Tod des Fleisches« ist sehr viel härter als das metaphorische »auf dem geistigen Pfad gestorben«. Vielleicht ist darum die Erleuchtung, die einem im Moment des Todes widerfährt, so greifbar und von bleibendem Wert.

Jedem Moment wohnt das Potential inne, daß wir all unsere menschlichen Reserven zusammenraffen und zur Pracht und den Wundern des Lebens erwachen. Einigen mag es daher als eine Schande erscheinen, erst während der letzten Atemzüge für diese Wahrheit die Augen zu öffnen. Aber wir wachen eben dann auf, wenn wir es können. Vielleicht können wir uns trainieren, geschickter und vermögender zu sein. Aber wir können nichts erzwingen.

Lehnen Sie sich einfach zurück. Seien Sie achtsam. Vergessen Sie einmal Ihre Wertvorstellungen. Gelegenheiten bieten sich im Überfluß.

Denken Sie daran: Nichts geschieht umsonst.

1 Mein Vater

Mach einen Anfang von dort,
wo du bist.
PEMA CHÖDRÖN

Am 8. September 1995 um drei Uhr morgens starb mein Vater. Er entschlief ruhig und friedlich in dem Haus, das er und meine Mutter etwa zwölf Jahre zuvor bezogen hatten, um dort ihren Lebensabend zu verbringen. Ich lag auf einer Matratze neben seinem Krankenhausbett, das vom Hospiz hierher gebracht worden war. Ich hatte mir vorgenommen, wach zu bleiben, um bei seinem letzten Atemzug bei ihm zu sein. Aber sein Atem ging so ebenmäßig und sanft, daß ich mich, wie meine Mutter und Schwestern, diesem hypnotisierenden Rhythmus nicht entziehen konnte. Erst als sein Atem ausblieb, erwachte ich zu der Tatsache, daß mein Vater davongegangen war.

Mein Vater starb einen Tod, wie ihn sich viele wünschen würden. Aber der Weg, der ihn zu diesem friedlichen Ende führte, war in meinen Augen doch voller Kummer und Schmerz. In seinen letzten Jahren gab es immer wieder Momente, in denen man Entscheidungen hätte treffen können, die ihm seine körperliche, emotionelle und spirituelle Last erleichtert hätten – die ihm mehr Lebenskraft verliehen und ihn nicht so geschwächt hätten. Aber er traf seine eigenen Entscheidungen, und es ist fraglich, ob ein anderer, scheinbar leichterer Weg ihn in irgendeiner Weise besser an seine letzten Momente geführt hätte als der Weg, den er sich selbst bereitet hat. Es war schließlich sein Leben. Und wenn sich darin, wie man stirbt, tatsächlich alles Vorhergehende widerspiegelt und es die Erfüllung alles Vorhergehenden ist, so gelangt man zu dem einzig möglichen Schluß, daß sein Leben gut gelebt war, ganz gleich, wie es auf Außenstehende gewirkt haben mochte.

Mein Vater hat mich geliebt. Soviel weiß ich. Das bedeutet nicht, daß unsere Beziehung der letzten Jahre einfach war, denn das war sie nicht. Ich muß wohl aus dem gleichen unnachgiebigen, harten Holz geschnitzt sein wie er, genauso selbstsicher und eigensinnig bei der Wahl des Berufes und der Frau, wie er es seinen Eltern gegenüber war. Ich weiß, daß er meine Frau, Melanie, liebte wie seine eigene Tochter, aber über meine Berufswahl oder meinen Lebensstil war er nicht gerade glücklich. Ich gehörte ganz entschieden der Gegenkultur der späten sechziger und frühen siebziger Jahre an, und meine Ansichten über Gesundheit, Psychologie und Religion paßten nicht in das Muster der vierziger und fünfziger Jahre, nach dem meine Mutter und mein Vater lebten. Die daraus resultierenden Kommunikationsprobleme zwischen mir und meinen Eltern waren sicher nicht besonders einzigartig.

Doch mit der Zeit, als gewisse Ereignisse in seinem Leben ihn stark belasteten und er an Diabetes erkrankte, gelangte er zu einer milderen Ansicht über meinen Lebensstil und meine Tätigkeit im alternativen Gesundheitswesen. Auch daß ich meinen Glaubenseifer nach dem Tod einer meiner Töchter mäßigte, beeinflußte wahrscheinlich seine Gefühle mir gegenüber. Tatsache ist, daß Shamaras Tod meinen Vater, meine Mutter, Melanie und mich einander wieder nahe brachte, nachdem wir Jahre einer schmerzhaften, nur durch regelmäßige höfliche Telefongespräche unterbrochenen Entfremdung hinter uns hatten.

Seit etwa 1975 bestimmte die Diabetes das Leben meines Vaters; es war der Beginn von zwanzig Jahren chronisch degenerierender Gesundheit. Seinen ersten Bypass bekam er 1976. Seine rechte Niere versagte 1983 wegen seines unkontrollierbaren Blutdrucks und wurde herausgenommen.

Meine Eltern verschwiegen mir und meinen zwei Schwestern, wie ernst der Zustand meines Vaters war. Wir lebten über das Land verteilt und kamen nur selten zu Besuch ins Elternhaus. Jedesmal, wenn einer von uns anrief und sich nach dem Gesundheitszustand des Vaters erkundigte, lautete die Standardantwort meiner Eltern: »Gut.« Ich kann mir nicht vorstellen, daß sie sich selber etwas vormachten, was da passierte. Abgesehen von Routineuntersuchungen hatte bis dahin keiner von beiden je ärztlicher Hilfe bedurft. Doch nun waren sie genau wie ihre Freunde immer häufiger auf das Gesundheitswesen und die breite Palette von Medikamenten angewiesen, die älteren Menschen so freizügig verschrieben werden. Das allein war schon eine bittere Pille.

So merkwürdig es klingen mag, aus seiner Sicht war »gut« eine treffende Beschreibung für die unerfreuliche Lage meines Vaters. Und erklärlich ist das deshalb, weil er seine Situation mit der von Freunden verglich, die an Krebs oder Schlaganfällen gestorben waren. So gesehen ging es ihm, auf einer ganz grundlegenden Ebene, *tatsächlich* gut.

Wie mein Vater sich selbst sah, begann ich zu begreifen, als ich bei einem der besten Ganzheitsmediziner des Landes, Dr. Walt Stoll, als Therapeut arbeitete. In seiner Klinik in Lexington, Kentucky, konnte ich mit ausgezeichneten Medizinern zusammenarbeiten, sowohl auf dem Gebiet der alternativen wie auch der Schulmedizin. Meine Eltern hatten für meine therapeutische Arbeit bei Dr. Stoll zwar genausowenig Verständnis wie für meine Tätigkeiten zuvor, aber immerhin erlangte ich durch diese Position mehr Glaubwürdigkeit in ihren Augen. Ich war überzeugt davon, daß es meinem Vater körperlich wie seelisch helfen könnte, wenn er sich einmal anhören würde, was Dr. Stoll zu sagen hatte, und wenn er einige seiner Ratschläge befolgte.

Als mein Vater mich aus Cleveland besuchen kam, machte ich für ihn einen Termin bei Dr. Stoll für einige unserer Routineuntersuchungen. Dr. Stoll empfahl meinem Vater eine Chelat-Therapie für sein schwächer werdendes Herz. Außerdem schlug er ihm eine Entspannungsübung zur Streßminderung vor. Da ich zuständig für Entspannungsübungen und für die Anwendung der Biofeedback-Methode bei unseren Patienten war, fiel es mir zu, diese mit meinem Vater durchzuführen. Ich war nicht vorbereitet auf das, was dann passierte.

Mein Vater nahm in dem Sessel in meinem Zimmer Platz, und ich schloß ihn an das Galvanometer für das Biofeedback an. Das Galvanometer mißt die Geschwindigkeit von elektromagnetisch geladenen Impulsen zwischen zwei Punkten auf der Haut. Das Abnehmen der Geschwindigkeit zeigt an, daß die Person sich immer tiefer in einen Zustand der Entspannung hineinbewegt. Ich dämpfte das Licht und begann, meinem Vater eine Abfolge von Bildern vorzusprechen, die bei vielen unserer Patienten zum Erfolg geführt hatte. Während ich dies tat, hatte ich immer die Anzeige des Biofeedback im Auge.

Innerhalb weniger Minuten zeigte das Galvanometer eine sehr geringe Geschwindigkeit elektromagnetischer Bewegung an, die man zumeist der durch den Alpharhythmus gekennzeichneten Schlafphase zuordnet. Er war vollkommen entspannt und blieb es noch zwanzig Minuten lang. Mein Vater war, um ehrlich zu sein, ein Naturtalent im Entspannen und tat dies auch regelmäßig zu Hause. Als ich noch ein Teenager war, beobachtete ich ihn manchmal, wie er in seinem Sessel eindöste, um kurz darauf wieder frisch und erholt hochzukommen. Die Anwendung des Biofeedback verriet mir nichts anderes, als daß es ihm ganz tief in seinem Innern, abgesehen von all dem körperlichen und emotionellen Durcheinander, tatsächlich »gut« ging.

Das Biofeedback gefiel meinem Vater, aber der Chelat-Therapie und all den anderen Empfehlungen traute er nicht. Und obwohl er im Laufe der Jahre die eine oder andere Massage von mir durchaus genoß (wahrscheinlich ließ er mich diese nur machen, damit ich mir nützlich vorkommen konnte), lehnte er praktisch alles ab, was ich vorschlug oder was ihm die besten Mediziner, die ich kenne und zu denen ich ihn schickte, rieten.

Ich dachte, er sei eben dickköpfig, daß er sich nicht helfen lassen wollte. Manchmal gab er das sogar zu. Es gab aber auch Dinge in seiner Vergangenheit und Gegenwart, mit denen er sich auseinandersetzen mußte, so daß er seinen Erfahrungen nach sehr einleuchtende Gründe für sein Verhalten hatte. Zum einen fühlte er sich mit der ihm gewohnteren Schulmedizin wohler. Er kannte ihre Grenzen und konnte damit leben. Seine Ärzte waren zum größten Teil fürsorglich – außerdem gleichen Alters. Sie teilten seine Weltanschauung, was auch für meine Mutter beruhigend war. Neben dieser Vertrautheit spielte aber auch Angst eine Rolle: die Angst, eben diese Ärzte gegen sich aufzubringen, wenn man etwas tat, das sie nicht gutheißen würden. Die Tatsache, daß diese Angst entscheidend für meinen Vater und meine Mutter war, wurde mir schmerzlich bewußt, als ich sie auf dem Rückweg von einer Konferenz in Miami einmal besuchte.

Damals ging es meinem Vater furchtbar. Er konnte vormittags das Haus nicht verlassen, weil er harntreibende Mittel einnahm und Angst hatte, sich in die Hose zu machen. Er war müde, teilnahmslos und niedergeschlagen. Zudem war er frustriert darüber, so viele Medikamente einnehmen zu müssen. Da ich selbst einmal mit einem Arzt zusammengearbeitet hatte, der in bezug auf die Verschreibung von Medikamenten sehr zurückhaltend war, setzte ich mich mit meinem Vater zusammen und ging seine Medikamente durch. Ich fand heraus, daß viele seiner Symptome Nebenwirkungen der Arzneimittel waren. Wir fanden beide, daß es sinnvoll wäre, seinen Kardiologen beim nächsten Termin darauf anzusprechen.

Als wir gemeinsam zu dem Termin erschienen, stellte mein Vater mich stolz seinem Kardiologen vor. Als der Arzt meinen Beruf erfuhr, schien er etwas irritiert, sagte aber nichts. Er schien nicht viel Zeit zu haben und wollte mit der Untersuchung meines Vaters vorankommen. Sie dauerte drei oder vier Minuten, danach kam mein Vater auf unsere Unterhaltung über seine Medikamente zu sprechen. Ich konnte sehen, wie sich das Gesicht des Kardiologen rot färbte. Ich fragte, ob man sich die besagten Arzneien vielleicht noch einmal genauer ansehen könne, um einen besseren Weg zu finden, die Beschwerden meines Vaters zu lindern. Da fuhr der Arzt meinen Vater – ohne mich auch nur eines Blickes zu würdigen – in aufgebrachtem Ton an: »Wissen Sie, wenn Sie sich von Ihrem Sohn behandeln lassen wollen, brauchen Sie zu mir nicht mehr zu kommen!« Beinahe unterwürfig gab mein Vater vor so viel offener Mißbilligung klein bei. Nie wieder sprachen wir über seine Medikamente.

Aber es gab noch einen tiefer sitzenden Grund für ihn, meine Ratschläge oder Hilfe nicht anzunehmen. Fünfzehn Jahre dauerte es, bis er ihn mir nannte. Es steckte eine Geschichte dahinter, die ihm Zeit seines Lebens Kummer bereitet hatte. Sie beruhte auf Entschlüssen, die er gefaßt hatte, als er in meinem Alter war.

Mein Vater war der einzige Sohn seiner Eltern. Als sein Vater erkrankte, wurde von ihm erwartet, daß er sich um die Familienangelegenheiten kümmerte, insbesondere um eine seiner Schwestern. Meine Tante war schon als junge Frau geistig verwirrt, und schließlich wurde Schizophrenie diagnostiziert. In den vierziger Jahren waren Psychiatrie und psychiatrische Diagnosen allerdings noch äußerst suspekt, und für eine geachtete Familie der jüdischen Gemeinde war diese Diagnose keinesfalls annehmbar.

Mein Vater war Tierarzt, las aber viele humanmedizinische Zeitschriften und hatte noch einiges mehr über die klassische Humanmedizin gelernt, als er nach dem Zweiten Weltkrieg in Europa für die Organisation der Hilfs- und Wiedergutmachungsmaßnahmen der Vereinten Nationen arbeitete. Einer der engsten Freunde meines Vaters war Psychiater, mit ihm sprach er über den Zustand seiner Schwester. Sein Freund schlug vor, sie in ein Krankenhaus zu bringen, wo er eine Weile mit ihr arbeiten könnte.

Mein Vater nahm seine Verantwortung sehr ernst. In dem Glauben, das seiner Ansicht nach beste für seine Schwester und alle anderen Betroffenen anzubieten, unterbreitete er seiner Familie diesen Vorschlag. Aber statt ihm zu danken, beschuldigten sie meinen Vater, er würde sich nicht um seine Schwester kümmern, sondern sie abschieben. Ich weiß nicht, was sie von ihm erwarteten, denn er war zu der Zeit bereits verheiratet und hatte selbst zwei Kinder zu versorgen. Die Situation eskalierte, er und meine Mutter wurden gemieden, es kam zu einem Zerwürfnis zwischen ihm und seiner Familie, das sich erst kurz vor seinem Tod zu legen begann.

Das Bild vor Augen, wie sein eigener Ratschlag einen Bruch in seiner Familie bewirkt hatte, wollte mein Vater nun verhindern, daß irgend jemand einmal behaupten könnte, meine

Ratschläge hätten zu seinem Tod beigetragen. So war er jahrelang höflich auf meine Empfehlungen eingegangen, wohl wissend, daß er sie letzten Endes ablehnen würde, um mir die Art von Schmerz und Isolation zu ersparen, die er in seiner eigenen Familie erlebt hatte.

So tief war die Liebe meines Vaters zu mir. Ich liebte ihn dafür umso mehr, aber mein Schmerz, ihm seinen Zustand nicht erträglicher machen zu können, wurde dadurch nicht gelindert. Ich mußte hilflos zusehen, wie er langsam und qualvoll dahinsiechte. Ich muß gestehen, daß das auch einer der Gründe war, warum ich nicht in die Nähe meiner Eltern ziehen wollte. Es hätte mich frustriert, ihnen keine Alternativen bieten zu können. Aber auch meine Eltern hätte es durcheinandergebracht, wenn ich mich faktisch – oder zumindest gefühlsmäßig – in das eingemischt hätte, was sie glaubten tun zu können.

Im Juni 1984 mußte meinem Vater ein fünffacher Bypass gelegt werden, wobei er sich durch eine Bluttransfusion auch noch mit Hepatitis infizierte. Er war sehr geschwächt und erholte sich nur langsam. Er war ein Mann, der gerne Schwimmen gegangen war, Golf gespielt und Strandspaziergänge mit seiner Frau unternommen hatte, und jetzt konnte er kaum ein paar Schritte weit zu Fuß gehen. Alle Pläne, die meine Eltern für ihren Ruhestand gemacht hatten, waren nun unerreichbar für sie. Es war offensichtlich, wie sehr dies an ihren Nerven zerrte. Auf Außenstehende hatte es immer den Anschein, als ob das meiste Klagen und Lamentieren von meiner Mutter ausging, aber mein Vater trug durch sein eisernes Schweigen seinen Teil dazu bei. Es war mir peinlich, wenn ich manchmal das Hickhack und die unerquicklichen Szenen zwischen ihnen miterleben und erleiden mußte; daneben gab es aber auch Momente inniger Zärtlichkeit, aus denen die Liebe sprach, die sie füreinander empfanden.

Im Sommer 1986 kamen meine Eltern uns kurz besuchen, als Melanie und ich im Norden des Staates New York die Küche eines großen Sommercamps leiteten. Ich hatte meinen Vater bestimmt ein Jahr lang nicht mehr gesehen und war entsetzt, wie langsam und beschwerlich seine Bewegungen nun waren.

Im Camp fanden abends Tanzveranstaltungen statt, und da meine Kinder hingehen wollten, fragte ich meine Eltern, ob sie auch mitgehen würden. Beim Tanzen sind einige der schönsten Fotos entstanden, die es von meinen Eltern gibt. Als an dem Abend die Musik spielte, konnte ich in den Augen meines Vaters lesen, wie betrübt und niedergeschlagen er war. Er sagte meiner Mutter, wie gerne er sie zum Tanzen auffordern würde, wenn er es bloß könnte. Meine Mutter bestand darauf, daß er seinen Stuhl von der Wand abrückte, und sagte liebevoll zu ihm, daß es nichts machte, sie würde um ihn herum tanzen – und so war es dann.

Meine Eltern waren immer gern gereist und hatten fast alle fünf Kontinente besucht. Die Abenteuerreisen, die sie beide so liebten, sollte mein Vater nie wieder unternehmen können. Im Rahmen ihrer Möglichkeiten planten sie aber trotzdem Reisen: Kreuzfahrten oder Aufenthalte in Ferienanlagen für Senioren. Auf dem Rückweg von einer Kreuzfahrt nach Alaska 1987 bekam mein Vater ein Aneurisma, das ihn auf direktem Weg zurück ins Krankenhaus brachte. Von dem Zeitpunkt an ging es mit seiner Gesundheit rapide bergab. Eine gebrochene Hüfte setzte auch den gemeinsamen Radtouren ein Ende. Eine nicht verheilende Oberarmfraktur beendete seine Holzschnitzerei, ein Hobby, das er mit viel Liebe und Geschick betrieben hatte. Und nachdem er 1994 wegen grauem Star am Auge operiert worden war, setzte aufgrund seiner Diabetes ein Nervenleiden ein. Er mußte das Autofahren aufgeben, weil er kein richtiges Gefühl mehr in den Füßen hatte und seine Herz- und Nierenmedikamente das Zentralnervensystem beeinträchtigten. Unter seinen Füßen bildete sich Brand, den meine Mutter täglich mit Wattestäbchen abtupfte.

Auf gesunden Schlaf, der ihn zeitweilig von seinen zunehmenden Leiden befreite, konnte mein Vater auch nicht mehr zählen. Meine Mutter, die jetzt allein für ihrer beider Leben verantwortlich war, ertrug es schließlich nicht mehr, daß er sich nachts hin- und herwälzte und ständig aufstand, um zur Toilette zu gehen. Sie brauchte Ruhe. Mein Vater war infolge all der Operationen zwar schon seit Jahren impotent, aber es hatte meiner Mutter doch immer Trost gespendet, neben ihm zu liegen. Jetzt sollte auch dieses ihnen genommen werden. Für den Rest seines Lebens verbrachte mein Vater die Nächte im Gästezimmer.

Das friedfertige Wesen meines Vaters, das alle an ihm kannten, war zwar noch erkennbar, aber nur schwach. Bei seinem Begräbnis erzählten Verwandte mir von Gesprächen, die sie in den letzten Jahren mit ihm geführt hatten. Sie erzählten von einem Mann, der direkter und aufgebrachter war, als sie ihn je erlebt hatten. Er brachte schmerzhafte Erinnerungen zur Sprache, er war voller Ärger und nachtragend. In seinem Leben war viel passiert, von dem nur wenige Verwandte etwas wußten. Früher hatte er seine Meinungen und Gefühle zurückgehalten. Jetzt sagte er, was er fühlte. Wenn ich heute auf diese Vorfälle zurückblicke, glaube ich, daß mein Vater damit begann, sein Leben zu rekapitulieren und reinen Tisch zu machen – die ersten Schritte auf dem Weg zum Tod.

In seinen letzten Jahren wurde mein Vater inkontinent. Zuerst war er zu stolz, um Binden oder Windeln zu tragen, aber schließlich akzeptierte er sie. Ich höre nur zu oft, daß Menschen in solchen Situationen nur Akzeptanz lernen müssen. Vielleicht stimmt das. Aber angesichts solcher Veränderungen, die einem das nehmen, was man als seine Identität betrachtet, wie man sein und wie man gesehen werden möchte, gehen dieser Akzeptanz wahrscheinlich erst ein Schock, Leugnen der Situation, Scham und andere denkbar negative Emotionen voran.

Bei einem Besuch saß ich neben meinem Vater, als er sich abmühte, seine Beine auf das Bett zu wuchten, und mit jedem Atemzug kämpfte. Nachdem er diese einfache Aufgabe mühsam bewältigt hatte, sah er mich an. Alles, was er sagen konnte war: »Das ist kein Leben.« Ich konnte nichts darauf antworten.

Aus dem Haus zu gehen war eine derartige Qual für meinen Vater geworden, daß er quasi ans Haus gefesselt war. Er mußte sich auf einen Stock stützen, um von einem Zimmer ins andere zu gelangen. Obwohl er später einen Gehwagen benutzte, ließ sich nicht verhindern, daß er immer wieder fiel. Vom Fallen und der Diabetes waren seine Arme mit Schorf und blauen Flecken übersät. Meine Mutter glaubte, daß sie meinen Vater nicht lang allein lassen konnte, außer um einkaufen zu gehen. So war auch sie an das Haus gebunden. Die Verantwortung, die sie als die eigentliche Pflegerin ihres Mannes trug, obwohl sie nichts gegen den Verfall seiner Gesundheit tun konnte, ließ ihr Haar ergrauen und zeichnete ihr Gesicht. Ihr Blutdruck und Cholesterinspiegel stiegen an, und sie begann Tabletten gegen Magenreizungen einzunehmen. (Es ist kaum verwunderlich, daß all diese Symptome zwei Monate nach dem Tod meines Vaters verschwanden und sie sämtliche Medikamente absetzen konnte.)

Im Juni 1995 versagten die Medikamente meines Vaters, die bislang verhindert hatten, daß sich Flüssigkeit im Gewebe ansammelte. Aufgedunsen, mit etwa sechs Kilo überschüssiger Flüssigkeit im Körper und nach Atem ringend wurde er ins Krankenhaus eingewiesen. Dort erfuhr er, daß seine verbliebene Niere nicht mehr funktionierte. Wegen seines Alters und der Risiken einer Vollnarkose entschied der Nierenspezialist gegen eine Transplantation. Es blieb meinem Vater nur noch die Dialyse. Da er so schlecht laufen konnte, empfahl der Nierenspezialist ein Dialysegerät, das mein Vater selbst bedienen konnte. Wenn die Shunts für die Dialyse gelegt wären, könnte mein Vater zur Rehabilitation gehen und seine Muskeln wieder aufbauen, damit er mit seinem Gehwagen etwas sicherer auf den Beinen wäre.

Inzwischen ließ sich nicht mehr verbergen, wie schlecht es um meinen Vater stand. Ich lebte damals in Santa Fe, und meine Mutter rief mich beinahe täglich an, um mich über seinen Zustand auf dem laufenden zu halten und auch um jemandem ihr Herz ausschütten zu können. Ich hatte eineinhalb Jahre zuvor eine Stelle als Sozialarbeiter in einem Hospiz angetreten und war es inzwischen gewöhnt, solche Geschichten zu hören. Ich glaube, daß meine Hospizarbeit eine Vorbereitung auf die Rolle war, die ich bei der Betreuung meines Vaters übernahm.

Im Endeffekt wurde ich genau zu dem, was alle professionellen Pflegekräfte fürchten, die mit älteren oder im Sterben liegenden Menschen zu tun haben: einem, der sich kümmert, aber nicht anwesend ist, der zu viele Fragen stellt, zu viel wissen will und zu viel verlangt. Wenn man sich intensiv mit einem Fall beschäftigt, kann man diese Einmischung aus der Ferne sehr leicht als lästig empfinden. Würden diejenigen sich ernsthaft um die im Sterben liegenden geliebten Menschen sorgen, dann wären sie doch schließlich bei ihnen. Die Belastung ihrer Arbeit und die Bewältigung der täglichen Krisensituationen machen es den Pflegekräften schwer, eine angemessene Sichtweise für die Strukturen der Familien zu bekommen und ihre Geschichte zu sehen. Und damit verbauen sie sich auch die Möglichkeit, aus diesem Verständnis Einsichten für die Pflege zu gewinnen. Da ich weiß, was hinter meiner Einmischung bei der Pflege meines Vaters stand, kann ich nicht länger annehmen, daß das Handeln anderer Menschen, die sich, ohne anwesend zu sein, kümmern, nicht aus genau den gleichen oder ebenso guten Beweggründen geschieht. Inwiefern sie auch beteiligt sein mögen, auf einer tieferen Ebene spielen sie alle ihre Rolle in der großen Maschinerie dieses Universums, von der eine in ihrem Leben zentrale Person an den Tod herangeführt wird. Daher hat ihre Beteiligung Berechtigung, und ganz gleich, wie scheinbar nebensächlich oder wichtig sie sein mag, gebührt ihr Beachtung.

Nachdem mein Vater operiert worden war, berichtete meine Mutter in den folgenden Tagen, daß es aussah, als würde er sich gut erholen. Die Dialyse schien gut anzuschlagen, und die Rehabilitationsärzte wollten meinem Vater möglichst bald beibringen, wie er den Dialysebeutel selbst wechseln konnte. Man mag es glauben oder auch nicht, aber was sie nicht in Betracht gezogen hatten, war, daß mein Vater Rechtshänder war: seit er sich den Arm gebrochen hatte, hatte er dazu nicht mehr genug Kraft in seiner rechten Hand; und mit seiner linken war er nicht geschickt genug. Diese Aufgabe würde also zu all den anderen Pflichten meiner Mutter auch noch hinzukommen. Ich wußte, wie sehr mein Vater damals schon das Gefühl hatte, seiner Frau zur Last zu fallen. Die Stimme meiner Mutter verriet sogar noch größere Entmutigung und Resignation. Als ich mit meinem Vater sprach, hörte ich einen Mann, der sich Schritt für Schritt von seinem Leben löste.

Diese Haltung ist für uns, die Lebenden, absolut inakzeptabel, und insbesondere für Ärzte, die den Tod als erklärten Feind betrachten. Ich spürte, daß es Zeit wurde, mit meiner

Mutter über die Kontaktaufnahme zu einem Hospiz zu sprechen. Aber meine aus zweitausenddreihundert Meilen Entfernung gesprochenen Worte wurden übertönt von der Überzeugung des Nierenspezialisten, daß mein Vater sich auf dem Weg der Besserung befände. Das Krankenhauspersonal war sich darin einig, daß mein Vater nur depressiv war. Ich weiß nicht, ob meine Mutter ihnen wirklich glaubte, aber ihre Botschaft klang so viel tröstlicher als meine. Also wurden Antidepressiva verschrieben und Besuche beim Psychiater angeordnet.

Wenn wir mit dem Unausweichlichen konfrontiert werden, müssen wir unüberlegte, kopflose, unnütze, unverantwortliche und übertriebene Reaktionen an uns selbst und am Gesundheitswesen feststellen. Ich bin fest davon überzeugt, daß unsere kulturelle Ablehnung und das geringe Ansehen, das Sterbeerziehung und Vorbereitung auf den Tod bei uns genießen, hierfür verantwortlich sind. Es ist alles Teil unseres kollektiven »Todestanzes«. Und einige Leute in diesem Tanz übernehmen die Rolle der Aasgeier, die einen Vorteil aus der Situation schlagen und sich die Taschen füllen. Wir müssen also akzeptieren, daß das Böse Teil des Tanzes ist. Ich glaube nicht, daß diejenigen, die aus diesen Umständen profitieren, auch an sich schlechte Menschen sein müssen. Aber es ist niemandem gedient, wenn sie nicht zur Rechenschaft gezogen werden für Handlungen, die nachteilige oder negative Auswirkungen auf das Leben anderer haben. Das System und die Bürokratie, die wir uns in unserem Leben aufbauen, sollten aber auch nicht unterschätzt werden. Sie entwickeln mit der Zeit ein Eigenleben und erzeugen Regeln und Verfahren, die vorrangig das System und die Bürokratie schützen, statt die Menschen, denen sie dienen sollen. Die Funktionäre in diesen Systemen haben sich so weit vom gesunden Menschenverstand und den tatsächlichen Bedürfnissen entfernt, daß sie ihre ursprüngliche Aufgabe aus den Augen verloren haben. Darum braucht jedes System ein paar ordentliche Ketzer, um es wieder zur Vernunft zu bringen.

Diese Bemerkungen sind nicht leichtfertig gemeint, und ich versuche, mein Anliegen mit sehr viel Beherrschung vorzubringen. Denn beim Sterben meines Vaters war ich Zeuge, wie gewissenlose Maßnahmen und Entscheidungen getroffen wurden, die den Tatsachen offensichtlich blind gegenüber standen. Daran kann man nichts ändern, aber es ist mein fester Glaube, daß solche Maßnahmen uns dazu aufrufen, eine Beschützerrolle einzunehmen – sei es für unsere eigenen Lieben oder die von anderen. Wir müssen einschreiten, um zu verhindern, daß Menschen Opfer von Kurzsichtigkeit, Gleichgültigkeit, Nichtachtung ihrer Wünsche, Quacksalberei und Gier werden. Will man konventionelle Handlungsmuster ändern, muß man das Risiko eingehen, sich einzumischen, immer wieder und wieder, bis – wie man hoffen darf – der Trott möglicherweise durchbrochen wird.

An den »Besuchen« des psychosozialen Beraters wurde zum ersten Mal deutlich, daß solche Umstände beim Sterben meines Vaters gegeben waren. Nach seinem Tod erhielt meine Mutter eine genaue Auflistung der einzelnen Posten von der Krankenkasse zum Nachweis, wo seine Gelder hingeflossen waren. Es waren zahlreiche Besuche eines Psychiaters aufgeführt, jeder mit einer vollen Stunde berechnet. Meine Mutter, die immer von früh morgens bis spät abends im Krankenhaus gewesen war, konnte sich an keine längeren Besuche eines Psychiaters erinnern. Sie erinnerte sich jedoch an einen psychosozialen Berater, der von Zeit zu Zeit eine fünfzehnminütige Stippvisite gemacht hatte. Manchmal bestanden seine Besuche nur darin, daß er seinen Kopf zur Tür hineinsteckte und etwa sagte: »Hallo Mr. Sachs, wie geht es Ihnen heute?« Mein Vater antwortete wahrscheinlich »Gut«, woraufhin er vielleicht erwiderte: »Das ist schön. Passen Sie gut auf sich auf.« Und schon war er wieder verschwunden. So sah die psychiatrische Behandlung meines Vaters aus, deren Auflistung und Berechnung, wie meine Mutter fand, in keinem Verhältnis zur tatsächlich aufgewandten Zeit und Mühe standen. So wie das Geschäft mit den Versicherungen läuft, bin ich sicher, daß dieser psychosoziale Berater einfach tat, was das System von ihm erwartete. Aber es zeigt meiner Meinung nach ganz deutlich, wie maßlos und schlecht geregelt unser Gesundheitswesen ist.

Nachdem mein Vater in die Reha-Klinik verlegt worden war, begann die Krankengymnastik, die ihn wieder auf die Beine bringen sollte. Man hatte meiner Mutter eingeredet, daß mein Vater bald wieder laufen könnte, ohne hinzufallen, wenn er es nur wollte.

Eine Woche verstrich, und jeden Abend rief meine Mutter an, um mir von den Fortschritten meines Vaters zu berichten. Es gab keine. Nach dem, was das Krankenhauspersonal meiner Mutter erzählt hatte, war der Psychiater der Ansicht, mein Vater würde durch seine Depressionen am Gehen gehindert. Meine Mutter versuchte nachzuempfinden, wie schrecklich ihr Mann sich fühlen mußte, aber ihre Frustrationsgrenze war erreicht.

Schließlich verlor sie am Telefon die Nerven: »Verdammt noch mal. Ich sehe, wie er in diesem Rollstuhl sitzt. Dann stellen sie ihn hin und sagen ihm, daß er einen Fuß vor den anderen setzen soll, und er steht einfach da. Dabei weiß ich, daß er seine Füße bewegen kann. Wenn er sich wieder hinsetzt, kann er sie beide anheben, um sie auf die Fußstützen zu stellen!«

Irgendetwas stimmte da nicht. Ich wandte mich an meine Frau und erzählte ihr, was meine Mutter beobachtet hatte. Melanie ist Beschäftigungstherapeutin. Sie sagte: »Er kann seine Füße bewegen, aber nicht einen vor den anderen setzen. Das klingt nach etwas Neurologischem.«

Ich fragte meine Mutter, ob mein Vater neurologisch untersucht worden war. War er nicht.

Ich fuhr fort: »Melanie und ich glauben, daß Dad kleinere Schlaganfälle gehabt haben könnte; irgendetwas, das die Verbindung zwischen seinem Gehirn und seinen Beinen unterbricht. Meinst du, du kannst mal jemand bitten, das zu untersuchen?«

»Ich werd gleich morgen fragen«, versprach sie.

Sie tat es nicht. Später gestand sie, daß sie tagelang zu eingeschüchtert war, um zu fragen. Als sie es schließlich tat, schlossen die Ärzte diese Möglichkeit aus und blieben bei ihrer Depressionstheorie.

Zwei Wochen später, als man noch immer keine Änderung am Zustand meines Vaters feststellen konnte, wurden auf das Drängen meiner Mutter hin schließlich Tests durchgeführt. Es stellte sich heraus, daß mein Vater mehrere leichte Schlaganfälle gehabt hatte. Er konnte ganz einfach nicht gehen.

Während all dieser fehlerhaften Maßnahmen konnte ich einmal kurz mit meinem Vater sprechen. Von Telefonat zu Telefonat wirkte er ruhiger. Er wollte wissen, wie es meinen Kindern ging. Auf die Frage nach seinem eigenen Zustand sagte er nach wie vor, es ginge ihm »gut«, und wechselte dann das Thema oder reichte meiner Mutter den Hörer. Die Frustration, die ich in den vergangenen Jahren so oft in seiner Stimme gehört hatte, war verschwunden.

Meine Mutter hat ein Foto aus der Reha-Klinik mit meinem Vater und einer Krankengymnastin. Es zeigt, wie sie ihn ansport, mit einem überdimensionierten Plastikgolfschläger einen großen Schaumstoffball abzuschlagen. Ich frage mich oft, ob die Leute, die sich sowas ausdenken – solche Ersatzbeschäftigungen und kindischen Varianten der früheren Lieblingsbeschäftigungen ihrer Patienten –, eigentlich wissen, wie beleidigend das für Patienten ist, die noch im Besitz ihrer geistigen Fähigkeiten sind. Sei es, wie es ist – diese Dinge sind gut gemeint und haben auch ihren Platz. Der Gesichtsausdruck meines Vaters auf dem Foto wirkt leicht befremdet. Aber er war weit davon entfernt, Widerstand zu leisten oder sich gedemütigt zu fühlen. Selbst auf diesem offensichtlich gestellten Bild veranlaßt das Lächeln meines Vaters seine Krankengymnastin zu einem ehrlichen Lächeln. Später erzählte mir meine Mutter, daß viele Angestellte der Reha-Klinik weinten, als mein Vater entlassen wurde.

Die Rehabilitation meines Vaters war, was die Ziele des Reha-Teams anging, ein kompletter Mißerfolg. Er würde bei der Dialyse immer auf meine Mutter angewiesen sein. Er würde nie wieder laufen können. Entsprechend den Bestimmungen der Versicherung mußte er entlassen werden. In Absprache mit dem Nierenspezialisten meines Vaters, der jetzt sein wichtigster behandelnder Arzt geworden war, mußte eine Entscheidung getroffen werden, wie am besten für meinen Vater zu sorgen sei.

Nicht, daß ich über diese Lösung glücklich gewesen wäre, aber ich dachte an ein Pflegeheim. Ich konnte mir nicht vorstellen, wie meine Mutter mit der Pflege meines Vaters zu Hause zurechtkommen sollte. Aber im Gespräch mit meinen Eltern wurde klar, daß ein Pflegeheim für sie außer Frage stand. Ich hätte gehofft, das Ärzte- und Reha-Team würde meinen Eltern gut zureden, damit sie den Sinn und die Notwendigkeit zu diesem Schritt einsahen. Vielleicht taten sie es auch und trafen auf den Widerstand meiner Eltern. Aber meine Mutter erinnert sich an keine Auseinandersetzungen oder an Versuche, sie zu dieser Entscheidung zu drängen.

Im Gegenteil; eine Wochenendvertretung des behandelnden Arztes teilte meiner Mutter an einem Freitagnachmittag mit, daß ihr Mann entlassen werde. Da meine Eltern kein Pflegeheim wollten und Krankenhaus sowie Versicherungsbestimmungen vorschrieben, daß die Kosten für eine stationäre Behandlung nicht länger getragen würden, schien es keine andere Möglichkeit zu geben.

Wie die Dinge lagen, hätte ich eigentlich erwartet, daß meiner Mutter bestimmte medizinische Hilfsmittel zur Verfügung gestellt werden würden, wenn es nicht sogar Pflicht war. Nichts davon passierte. Krankenhauspersonal half meinem Vater, der kaum stehen konnte, ins Auto meiner Eltern. Als sie zu Hause ankamen, versuchte meine Mutter, ihn aus dem Auto zu bekommen, und schaffte es tatsächlich allein, ihn in sein Bett zu bringen. Am Abend mußte mein Vater zur Toilette. Man hatte ihm keinen Nachtstuhl mitgegeben. Meine Mutter versuchte ihn zu stützen, als er sich zur Toilette schleppte. Er stürzte und konnte nicht wieder aufstehen.

Meine Mutter rief den Notarzt. Als einer der Sanitäter sah, womit meine Mutter sich da abkämpfte, sagte er zu ihr: »Lady, das schaffen Sie nicht.«

Vielleicht hatte der Arzt meiner Eltern vergeblich versucht, sie davon zu überzeugen, daß mein Vater in ein Pflegeheim gebracht werden müßte. Vielleicht sollte es eine Lektion der Art »Wer nicht hören will, muß fühlen« sein, daß er es unterließ, sie mit irgendwelchen Pflegehilfen für zu Hause auszustatten, damit meine Eltern durch die unausweichliche Krise zur Vernunft gebracht würden. Vielleicht glaubte der Arzt, das richtige zu tun. Aber selbst wenn es so war, wäre es doch eine schreiende Mißachtung des verzweifelten Wunsches meiner Eltern gewesen, meinen Vater zu Hause zu behalten. Ebenso könnte es auch einfach bei der Entlassung übersehen worden sein. Ich hatte mit meiner Mutter darüber gesprochen, was sie eventuell brauchen würde, um ihren Mann zu Hause zu versorgen. Aber in der Annahme, daß das Reha-Team und die Verantwortlichen für die Entlassung schon mit ihr besprechen würden, was sie brauchte, hat sie unsere Unterhaltungen darüber nie zur Sprache gebracht. Wie auch immer die Entscheidungen zustande gekommen sind, was dann folgte, war unausweichlich. Angesichts der Angst und Verzweiflung, die meine Mutter beim Zusammenbruch meines Vaters empfunden hatte, konnte nicht einmal mehr die Aussicht auf Pflegehilfen für zu Hause und die anderen Möglichkeiten, die wir vorher besprochen hatten, ihr das Gefühl des Versagens nehmen. Sie bestand auf einem Pflegeheim, und ich wußte, daß dies das beste für sie war. Aber es bleibt mir überlassen, die Maßnahmen und die Rechtschaffenheit der Ärzte beziehungsweise das Sachverständnis der für die Entlassung Verantwortlichen zu hinterfragen, als sie meine Eltern nicht mit Mitteln versorgten, die ihnen zumindest ansatzweise die Möglichkeit gegeben hätten, meinen Vater zu Hause zu pflegen. Im Endeffekt haben die einen oder die anderen oder möglicherweise alle durch Fahrlässigkeit oder mit Absicht meine Eltern gegen ihren Willen dahin gedrängt, meinen Vater in ein Pflegeheim zu bringen.

Meine Mutter stand kurz vor einem völligen Zusammenbruch; mich und meine Schwestern brachten diese Vorkommnisse in Rage; mein Vater aber schien die ganze Zeit über seine innere Ruhe zu bewahren. Am Tag, als er in die Pflegeanstalt eingeliefert wurde, kam ich nach Tampa, um bei ihm und meiner Mutter zu sein. Leid und Schmerz standen meiner Mutter ins Gesicht geschrieben. Sie schien zerbrechlich und wackelig auf den Beinen, als ich sie umarmte. Mein Vater strahlte jedoch eine merkwürdige Zufriedenheit aus. Aus seinen Augen sprach deutlich Traurigkeit, aber die wenigen Worte, die er sagte, ließen mich spüren, daß eine Liebe in ihm aufstieg und von ihm strahlte, wie ich sie als kleiner Junge schon immer wahrgenommen und gefühlt hatte. Später, auf dem Rückweg nach Santa Fe und wenn ich zu den Hausbesuchen meiner Hospiz-Patienten unterwegs war, dachte ich darüber nach, wie es für mich war, den Kopf meines eigenen Sohnes zu streicheln; welche Liebe ich bei einer solchen Berührung verspürte. Es war die gleiche Liebe, die mein Vater mir gegeben hatte, als ich klein war. Nun zeigte er mir seine Liebe auf eine neue Art. Dennoch mußte ich weinen bei dem Gedanken, daß mein Vater mir nie wieder über den Kopf streichen würde.

Als mein Vater sich im Pflegeheim einlebte, kamen einmal seine Schwester Myrna und sein Schwager Irv zu Besuch und wollten etwas Zeit mit ihm zusammen verbringen. Mein Vater lächelte, sagte ein paar Begrüßungsworte und lag dann still da. Es nahm meine Tante sehr mit, ihren älteren Bruder in diesem Zustand zu sehen. Aber irgendwie fiel es uns schwer, lange traurig zu bleiben, während wir um sein Bett herum saßen. Wir griffen ein paar Geschichten aus der Familienvergangenheit auf, und Myrna erzählte mir von meinem Vater. Es sah aus, als würden wir uns köstlich amüsieren. Mein Vater lächelte die ganze Zeit über. Das ist etwas, das ich wieder und wieder beobachtet habe: Wenn der Sterbende sich innerlich wohl fühlt, ist die Unterhaltung um ihn herum positiv und angeregt. Für das Gegenteil ist es entsprechend umgekehrt. Auch das Verhalten der Pfleger und Krankenschwestern meines Vaters zeigte, daß er mit seinem ruhigen Lächeln gern von ihnen betreut wurde. Daher weiß ich, daß es ihm in seinem Inneren genauso ging wie immer: wirklich »gut«.

Ich wußte, daß mein Vater im Sterben lag, aber es war schwer zu sagen, wie lange es dauern würde. Es konnten Monate sein. Da mein Vater an der Dialyse hing, war es in seiner Situation allerdings möglich, daß er jederzeit den aktiven Sterbeprozeß beginnen konnte, indem er sich weigerte, die Dialyse fortzuführen. Wenn er dies tat, würden ihn die Giftstoffe in seinem Blut betäuben und ihn langsam immer tiefer in einen Schlaf sinken lassen, von dem er nicht wieder erwachen würde. Zu wissen, daß er diese Wahl treffen konnte, war beruhigend für ihn. Seine Augen glänzten, als wir darüber sprachen, allem auf diese Weise ein Ende zu setzen. Er machte sich innerlich einen Plan, wie er die Dialyse beenden würde, wenn er dazu bereit wäre, wie er in ein Hospiz-Programm eintreten und nach Hause zurückkehren würde. Während er dann auf den langsamen, aber sicheren Tod wartete, was nicht länger als ein paar Tage dauern würde, wollte er ein großes Fest geben und das letzte Mal eine gute Havanna rauchen. Als meine Mutter davon hörte, brach sie zusammen. Sie konnte ihre Tränen nicht mehr unterdrücken. Sie wußte, daß sein Ende nahte, und sie konnte sehen, wie hilflos und schwach er war. Aber sie konnte einfach noch nicht loslassen und wollte ganz sicher keine Party organisieren. Die Reaktion meiner Mutter war die Reaktion einer Frau, die lange Zeit große Mühe aufgewandt hatte, um jeden Tag lebenswert für ihren Mann zu machen. In all den Jahren der Enttäuschung, in denen sie sich mit ihrer Aufgabe alleingelassen fühlte und ihrer beider Leben und Träume entschwinden sah, hatte sie schon das Leben einer Witwe geführt. Aber nun wollte sie noch nicht an die Endstation ihrer gemeinsamen Reise denken. Leichtfertig war sie mit Sicherheit nicht, und für sie war die Zeit ganz bestimmt noch nicht gekommen, an so etwas zu denken. Aber es sollte allein die Entscheidung ihres Mannes sein.

Mein Vater hatte sich mehr oder weniger im Pflegeheim eingewöhnt, und meiner Mutter ging es besser, obschon sie Medikamente brauchte. Ich flog nach Santa Fe zurück. Ich konnte meiner Arbeit nicht ewig fernbleiben, und es schien zu diesem Zeitpunkt einfach falsch, noch länger zu bleiben. Außerdem wollten meine Eltern nicht, daß ich meine Kinder zu lange allein ließ.

Nach wenigen Tagen rief jedoch meine Mutter an. Es war klar, daß der Zustand meines Vaters sich verschlechtert hatte. Die Wunden an seinen Fußsohlen bereiteten ihm so starke Schmerzen, daß das Pflegepersonal einen Besuch seines Gefäßchirurgen arrangiert hatte. Dieser Arzt hatte meinen Vater schon seit Jahren behandelt. Sie hatten sich näher kennengelernt und ein freundschaftliches Verhältnis zueinander. Ihm standen Tränen in den Augen, als er meinem Vater die Diagnose mitteilte: Er hatte diabetische Gangrän und würde die Amputationen, die ihm Schmerzlinderung verschaffen könnten, nicht mehr überstehen. Mein Vater wußte, wie sehr sich die Schmerzen noch verschlimmern würden, wenn die Gangrän weiter fortschritt. Er mußte also jene Entscheidung treffen, mit der er noch eine Woche zuvor in Gedanken gespielt hatte, als wir uns unterhielten. Er teilte seiner Frau mit, daß er die Dialyse abbrechen wollte. In dem Bewußtsein, wie furchtbar die Alternative aussehen könnte, bestärkte sie ihn in seinem Entschluß. Gemeinsam schickten sie sich in die schmerzlichste Entscheidung ihrer beider Leben. Nach der Dialyse am nächsten Nachmittag teilten sie dem Krankenpfleger meines Vaters im Pflegeheim mit, daß er die Behandlung abbrechen werde. Innerhalb von zwölf Stunden setzte ein Coma diabeticum ein. Der Krankenpfleger hatte Hospizerfahrung und stimmte mir zu, daß *beide,* mein Vater und meine Mutter, davon profitieren würden, wenn mein Vater in ein Hospizprogramm eintrat. Da man nur mit der Zustimmung eines Arztes in ein Hospiz aufgenommen wird, setzte sich der Krankenpfleger im Namen meiner Familie mit dem Arzt meines Vaters in Verbindung. Meine Mutter und meine Schwester Joanne, die gerade ein paar Tage zuvor nach Tampa gekommen war, baten den Arzt ebenfalls um die Zustimmung zur Hospizaufnahme.

Der Arzt wies den Antrag ab. Sicher, er hatte meiner Mutter gegenüber zugegeben, daß der Zustand meines Vaters äußerst schlecht war und er nicht mehr lang zu leben hatte, aber das war damals, als ich zu Besuch war und ihn bedrängt hatte, meiner Mutter eine realistische Einschätzung zu geben. Jetzt war er davon überzeugt, daß wir einfach aufmüpfig waren, und weigerte sich, zu meinem Vater ins Pflegeheim zu kommen. Schließlich hatte er ihn erst eine Woche zuvor das letzte Mal gesehen. Erst als er hörte, daß mein Vater nichts mehr essen konnte und nur noch schwach reagierte, gab er nach und willigte ein, den Zustand meines Vaters neu zu bewerten. Allerdings bestand er darauf, daß mein Vater mit einem Krankenwagen zu seiner Klinik gebracht werden sollte; er wollte auf keinen Fall ins Pflegeheim kommen. Meine Mutter und meine Schwester waren in einen Machtkampf geraten.

Als mein Vater dann, auf eine Tragbahre gegurtet, in die Klinik geschoben wurde, und der Arzt das fortgeschrittene Coma diabeticum sah, bemerkte er trocken, daß mein Vater in »schlechter Verfassung« sei. Das Absurde an seinem Verhalten und seinen Reaktionen ist, daß er besser als jeder andere wußte, welche Folgen es haben würde, wenn mein Vater die Dialyse abbrach. Ich kann mir nur vorstellen, daß er irgendwelche Motive und Absichten für sein Handeln gehabt haben muß. In unserer Arbeit als Hospizangestellte sind uns schon Ärzte untergekommen, die einfach nicht wollten, daß Patienten in ihrer Behandlung starben. Vielleicht dachten sie, es würde ihrem Ruf schaden. Womöglich war es das, was in diesem Mann vor sich ging. Jedenfalls hatte er angesichts des Zustandes meines Vaters keine andere Möglichkeit, als zuzugeben, daß vor ihm ein aktiv sterbender Mann lag. Und, ganz als sei es ein origineller Einfall, er empfahl die Überweisung an ein Hospiz und unterschrieb die notwendigen Papiere. Ich kann keine Worte für das Verhalten dieses Arztes finden, der meinen Vater und meine Mutter einer solchen Tortur aussetzte. Meine Mutter mußte die Transporte mit dem Krankenwagen, die Krankenhauskosten und eine ärztliche Untersuchung bezahlen.

Aber, selbst angesichts solcher Machenschaften glaube ich, daß jeder nur das tut, was er für das beste hält. Weil wir nicht begreifen, was es bedeutet, Verantwortung für unser Leben und unser Schicksal zu übernehmen, tragen wir genausoviel Schuld am Entstehen solcher Situationen. In dem Maße, in dem wir uns der Verantwortung nicht gewachsen fühlen, fallen wir dem Getue und Gemache derjenigen zum Opfer, die – nicht ganz ohne unser Verschulden – glauben, mehr Verantwortung für unser Leben übernehmen zu können, als es Menschen möglich ist. Indem wir aber die Ärzte von ihrem Sockel herunterholen, geben wir ihnen auch die Möglichkeit, genauso wie alle anderen Menschen zu wachsen und zu lernen. Gleichzeitig gewinnen wir etwas von unserer persönlichen Macht zurück. So wie das Verhältnis meiner Eltern zu den Ärzten war und wie beide sich auf sie verließen, denke ich, daß nur die Ausweglosigkeit der Situation uns schließlich dazu veranlaßte, darauf zu bestehen, daß getan wurde, was getan werden mußte. Meistens ist es so, daß erst eine höhere Macht einschreiten muß, um uns eine Lektion zu erteilen und zurückzufordern, was wir zuvor aufgegeben haben. Keiner von uns verspürte jedoch Genugtuung. Wir waren bloß erleichtert.

Die Papiere für das Hospiz waren unterschrieben und die Dialyse mit Zustimmung meiner Mutter beendet. Sie weiterzuführen, hätte nichts geändert. Sie zu beenden, versicherte meinen Vater höchstwahrscheinlich eines schmerzfreien und friedlichen Todes. Ein Krankenhausbett und andere Hilfsmittel wurden zum Haus meiner Eltern bestellt. Das Pflegeheim bereitete die Entlassung meines Vaters vor. Ich befand mich bereits wieder auf dem Flug nach Tampa. Meine andere Schwester, Jackie, machte sich am nächsten Morgen von San Francisco auf den Weg.

Meine Mutter, Joanne und ich waren da, als mein Vater mit dem Krankenwagen nach Hause gebracht wurde. Das Krankenhausbett war in der Veranda aufgestellt worden, ein Raum, den mein Vater sehr geliebt hatte, wo er von seinen Schnitzereien umgeben war und noch gut die leichte Musik, die er so sehr mochte, von der Stereoanlage hören konnte. Als er von der fahrbaren Trage gehoben und in den Raum gebracht wurde, der ihm so vertraut war, zeigte sich ein sanftes Lächeln auf seinem Gesicht. Er konnte nicht sprechen, aber indem er uns die Hand drückte, sagte er uns, daß er dort war, wo er sein wollte.

Das Zimmer meiner Mutter ging auf die Veranda hinaus, und das erste Mal seit Monaten konnte sie ihn von ihrem ehemals gemeinsamen Schlafzimmer aus sehen und atmen hören. In der ersten Nacht, in der ich auf einer Matratze im Wohnzimmer lag, sah ich, wie meine Mutter aufstand und zu ihm ging. Sie war noch nie besonders gut darin gewesen, ihre Liebe in Worte zu fassen. Recht stoisch stand sie neben ihm, strich ihm über die Stirn, küßte seine Wange und ging zurück ins Bett.

Am Morgen kamen zwei Schwestern vom Hospiz und nahmen sich für jeden von uns Zeit, um uns zu erklären, wie wir meinen Vater umdrehen mußten, damit er sich nicht wundlag. Ihre Anweisungen waren klar, und das erste Mal seit dem Kollaps, der meinen Vater ins Pflegeheim gebracht hatte, traute meine Mutter sich wieder zu, sich um meinen Vater zu kümmern.

Entsprechend den Vorschriften des Hospizes bestanden beide Schwestern darauf, daß mein Vater nichts zu trinken bekäme, weil er die Flüssigkeit ansaugen und daran ersticken könnte. Flüssigkeit vorzuenthalten wird auch als Methode angesehen, den Strebeprozeß zu beschleunigen. Ich persönlich bin nicht der Ansicht, daß man den Sterbeprozeß auf diese Weise beschleunigen sollte. Aber nach meinen Erfahrungen mit Sterbenden verursacht das Verabreichen von Flüssigkeit häufig noch mehr Probleme und sollte daher besser unterbleiben. Ich hatte in meiner Arbeit sogar selbst Familienangehörige von Hospizpatienten darin bestärkt, diese Maßnahme zu ergreifen, und sie über deren Notwendigkeit aufgeklärt. Eine solche Empfehlung zu akzeptieren ist meistens sehr schwer für die Familie oder Nahestehende. Andererseits ist dieser Schritt aber auch nicht gencrell angezeigt, und im Fall meines Vaters erschien er mir nicht richtig. Ich spürte, daß mein Vater durstig war, und dachte, es sei den Versuch wert, ihm etwas Flüssigkeit zu geben. Nachdem die Krankenschwestern gegangen waren und ich mit meiner Mutter und meiner Schwester geredet hatte, beschloß ich also, meinem Gefühl zu folgen.

Ich stellte fest, daß die meiste Flüssigkeit danebenging und er leicht husten mußte, wenn man ihm eine kleine Menge oder einen Schluck Gatorade in den Mundwinkel goß. Mir kam der Gedanke, daß diese Methode ihm wohl zu viel bewußte Anstrengung abverlangte. Ich weiß nicht mehr, wie ich schließlich zu meiner Lösung gelangte, aber ich füllte eine Spritze mit einem Fingerhut voll von dem isotonischen Getränk Recharge, steckte die Spitze zwischen seinen Zähnen durch und sprühte die Flüssigkeit hinten in seinen Rachen. Es muß eher wie feiner Sprühregen als ein Strahl für ihn gewesen sein. Er schluckte reflexartig. Ich wartete einen Moment. Kein Husten. Ich wiederholte den Vorgang. Wieder kein Husten oder Gurgeln. Er nickte mir leicht zu, wodurch ich verstand, daß er genug hatte und ich nicht weitermachen sollte. In den nächsten paar Minuten beobachtete ich ihn, um zu sehen, ob mein Versuch irgendwelche negativen Auswirkungen hatte. Es war ganz offensichtlich, daß es ihm gut ging. Auf diese Weise bewahrte ich meinen Vater bis zur Stunde seines Todes davor, zu dehydrieren.

Wenn jemand im Sterben liegt, sei es über Tage oder über Monate hinweg, ist es nicht ungewöhnlich für diejenigen, die sich um den Sterbenden kümmern, wenn sie über sich hinauswachsen. Sie essen weniger und schlafen weniger. Nach und nach werden alle Energien ausgeschöpft, die normalerweise in der täglichen Routine erhalten und erneuert werden. Wenn jemand im Sterben liegt, verblaßt die Alltagsroutine zu einer Erinnerung, nach der man sich zurücksehnt. Es ist, als ob alles bis zu diesem Punkt dazu beigetragen hat, die Ressourcen, das Durchhaltevermögen, den Willen und die emotionelle Kraft aufzubauen, die jetzt gebraucht wird. Das Leben stellt uns vor eine seiner »Abschlußprüfungen« und testet, wie gut unsere

Routinen uns auf die Aufgabe vorbereitet haben, der wir gegenüberstehen. Und wenn uns Kraft, Durchhaltevermögen und Wille ausgehen, bleiben uns immer noch Haut, Knochen, Muskeln und Adrenalin, auf das wir zurückgreifen können. Aber mehr noch als die Ressourcen, die wir an uns entdecken, und mehr noch als das, was wir dem geliebten Menschen zu geben können glaubten, stoßen wir in dieser Zeit in uns auf eine Liebe und Fürsorge, die so tiefgehend und ehrlich ist, daß sie das Individuelle übersteigt. Vielleicht bin ich etwas naiv, aber ich wage zu behaupten, daß das Besondere des Sterbenden vor uns in mehr besteht, als was er oder sie für uns persönlich bedeutet. Die Sterbenden werden in dieser Zeit zu Lehrern, die uns die Möglichkeit bieten, einen Schritt in die Nächstenliebe und bedingungslose Liebe zu tun, von der wir anscheinend immer nur dann etwas erhaschen können, wenn äußere Umstände erfordern (oder von uns erzwingen), daß wir unsere Bewertungen und Handlungen einzig daran ausrichten, was uns am allerwichtigsten ist. Wenn unser Quell ganz ausgetrocknet ist, finden wir heraus, was sich am Grund befindet. Wir entdecken die zugrundeliegende Güte, die der Ursprung aller guten Dinge des Lebens ist. Geschichten der Liebe und Heldenhaftigkeit von Menschen zieren immer wieder die Medien und erinnern uns daran, welches Potential in uns steckt. Wenn wir uns umschauen, finden wir sehr wahrscheinlich auch Helden ganz in unserer Nähe.

Der Morgen wurde zum Tag, welcher der letzte für meinen Vater sein sollte. Keiner von uns hatte diese Nacht richtig geschlafen. Wir waren immer stärker auf Adrenalin angewiesen. Wir hatten uns an den Rhythmus seines Atmens gewöhnt und reagierten extrem feinfühlig auf die Bedürfnisse meines Vaters, ob er umgedreht werden mußte, eine kleinere Darmbewegung gehabt hatte, die gesäubert werden mußte, ob er mehr Flüssigkeit haben oder gestreichelt werden wollte. Unser Bedürfnis zu helfen, das uns bis dahin schon völlig ausgelastet hatte, richtete sich nunmehr auf einen einzigen Punkt, was fast an Besessenheit grenzte. Es gab Momente, in denen wir uns alle ganz gut fühlten, in denen wir uns die Beine vertreten oder mal raus zum Einkaufen gehen mußten; und es gab andere Momente, in denen wir uns genötigt sahen, bei meinem Vater zu sein. Es war ein Auf und Ab, dem sich zu widersetzen keiner von uns mehr die Kraft hatte. John Lennon hat einmal gesungen: »Life is what happens to you while you're busy making other plans«. (Was dir passiert, wenn du gerade andere Pläne machst, das ist das Leben.) Was uns beim Sterben passiert, ist das Leben. Pläne werden durch die Gegenwart ersetzt. Wir hätten an keinem anderen Ort sein können.

Am Nachmittag, gegen halb fünf, kam meine Schwester Jackie aus San Francisco an. Und ich glaube wahrhaftig, daß mein Vater auf sie gewartet hat.

Die Geschichte zwischen meinen Eltern und Jackie ist kompliziert. Ihre Beziehung war bestimmend für den Umgang der Familienmitglieder miteinander und untereinander. Ich wußte, daß mein Vater Jackie sehr liebte. Ich würde sogar so weit gehen zu sagen, daß sie sein Liebling war. Sie war das Nesthäkchen für ihn, das immer scheiterte, das oft das fünfte Rad am Wagen war und immer etwas mehr Liebe und Aufmerksamkeit brauchte als alle anderen. Die Entfremdung, die sich über Jahre hinweg zwischen ihnen aufgebaut hatte, hatte ihm schwer zu schaffen gemacht und oft dazu geführt, daß er sie in sehr emotionsgeladenen Ausdrücken anprangerte.

Wahrscheinlich weil Jackie noch nie das Sterben von jemandem miterlebt hatte und insbesondere weil es sich um ihren Vater handelte, wußte Jackie nicht, was sie tun sollte, als sie das Elternhaus betrat und nur ein paar Meter entfernt vom Bett unseres Vaters stand. Joanne und ich stützten sie und brachten sie an die Stelle, auf die der Blick unseres Vaters gerichtet war. Unsere Mutter ging zu ihm und hielt ihm die Hand.

Vor ihm standen nebeneinander – das erste Mal seit zwanzig Jahren vereint – alle seine drei Kinder. Seine glasigen Augen weiteten sich und leuchteten seit langem das erste und möglicherweise letzte Mal auf. Ich glaube, dies war der Moment, auf den er gewartet hatte – vielleicht seit Jahren. Er muß diesen Augenblick sehr bewußt und mit viel Freude erlebt haben. Er schloß die Augen und drückte seiner Frau die Hand. In den folgenden Nächten verbrachten wir drei Kinder lange Stunden miteinander. Wir hatten viel aufzuarbeiten und räumten mit falschen Vorstellungen und Mythen der Vergangenheit auf. Die letzte heilende Tat unseres Vaters bestand darin, die Trennung zwischen seinen Kindern zu beseitigen.

Als das Tageslicht dem Abend wich, wußte jeder von uns, daß er bald dahinscheiden würde. Ich bin sicher, daß jeder es auf seine eigene Art spürte. Ich wußte es, weil etwa um die Zeit, als meine Schwester ankam, einer meiner engsten Freunde anrief, um mir zu sagen, daß *sein* Vater gerade gestorben war. Sein Anruf hatte etwas Unwirkliches. Monatelang hatten wir uns gegenseitig darüber getröstet, dem Ableben unserer Väter beizuwohnen. Ich hatte es eigentlich schon seit Jahren gewußt, aber erst in diesen Monaten war mir die volle Bedeutung ins Bewußtsein gedrungen. Der Vater meines Freundes hatte Prostatakrebs, den man erst kürzlich festgestellt hatte. Das Geschwür hatte Metastasen gebildet und war extrem aggressiv. In unseren Gesprächen mußten wir einmal feststellen, daß uns beiden schon der Gedanke gekommen war, unsere Väter würden am gleichen Tag sterben.

Weil mein Vater mir gesagt hatte, daß er gerne ein Fest feiern wollte, wenn er stirbt, kam mir in den Sinn, daß es schön wäre, sich einen Film anzusehen. Einen mit Big-Band-Musik, wie er sie damals so gern gehört hatte, als er seine spätere Frau umwarb. Überraschenderweise fand meine Mutter die Idee gut. Wir saßen also alle vor dem Fernseher, und mein Vater hörte die Musik von Tommy Dorsey und Benny Goodman. Sein Blick war sanft, beinahe ironisch.

Der Film war zu Ende. Wir waren alle müde, aber keiner von uns wollte ins Bett gehen. Und doch war es beinahe so, als ob wir alle wüßten, daß wir es mußten. Wir brachten meinen Vater in eine bequemere Lage, gaben ihm einen Gutenachtkuß und sagten ihm, wie sehr wir ihn liebten. Als meine Mutter und meine Schwestern sich zurückgezogen hatten, ging ich noch einmal zu ihm, um ihm noch etwas zu trinken zu geben. Ich wollte so gern bei meinem Vater sitzen und bei ihm sein, bis er seinen letzten Atemzug tat, aber ich konnte mich nicht wach halten. Ich drückte meine Stirn gegen seine, schloß die Augen und versuchte durch diese Berührung meine Liebe und Dankbarkeit zu übertragen. Ich fühlte etwas Magnetisches und ein Leuchten von unserer Verbindung ausgehen, strahlend und voller Seligkeit. Ich legte mich auf die Matratze neben ihm, hörte seinem Atmen zu und fiel in den friedlichsten Schlaf, den ich seit Wochen hatte.

Doch sollte dieser Schlaf nur kurz andauern. Ich bin sicher, daß es das Fehlen des Atems war, das mir ins wache Bewußtsein brachte, daß er gestorben war. Dem entsprechend, was er von mir gewollt hätte, wenn er darum hätte bitten können, sprach ich, sein Sohn, für ihn, was alle Juden sich wünschen, daß jemand es bei ihrem Tod spricht. Auf Hebräisch flüsterte ich:

»Höre, o Israel, der Herr, unser Gott, der Herr ist Eins.«

Ein Jahr verstrich, ehe ich nach dem Tod meines Vaters ins Haus meiner Eltern zurückkehrte. Mein Vater hatte mir eine ganze Werkstatt mit elektrischen Geräten für Holzarbeiten vermacht. Das Abbauen der Werkstatt stand als eine Art Symbol für die Vollendung der verschiedenen Ansätze meiner Mutter, die praktischen Dinge zu regeln, die nach dem Tod meines Vaters angefallen waren. Meine Mutter war außerdem die erste, die zugegeben hätte, daß sie beim Betreten der Garage, wo alles noch so war wie früher, als mein Vater stundenlang dort saß und seine vollendeten Holztiere gestaltete, von mehr Erinnerungen überwältigt wurde, als sie in ihrem Alltag begegnen wollte. Daher flog ich hin, um die Dinge in der Werkstatt zu sichten und zusammenzupacken – und darüber hinaus wollte ich sehen, wie es meiner Mutter wirklich ging am Todestag meines Vaters.

Das ganze Jahr über hatte ich nicht ein einziges Mal von meinem Vater geträumt. Manchmal wußte ich, daß ich jetzt mehr trauerte als zu anderen Zeiten. Aber größtenteils waren meine Höhen und Tiefen selbst in diesen Phasen relativ gemäßigt und ruhig.

Aber in Tampa aus dem Flugzeug zu steigen und meine Mutter zu sehen, schaffte mich mehr, als ich für möglich gehalten hätte. Ich hatte nicht gewußt, daß ich so ausgelaugt war. Ich fühlte mich erdrückt. Mir wurde bewußt, daß ich einen gebeugten Gang hatte. Meine Schritte waren schwer. Dies Gefühl verstärkte sich noch, als ich das Haus meiner Eltern betrat. Mir wurde plötzlich klar, daß ich den gleichen Gang hatte wie mein Vater, bevor er nicht mehr gehen konnte.

Es war spät, und meine Mutter ging gleich zu Bett. Ich stellte meine Taschen ins Gästezimmer, wo mein Vater immer geschlafen hatte. Bald darauf schlief ich in seinem Bett und fühlte mich so, wie er sich meiner Vorstellung nach gefühlt hatte: schwer, erschöpft und an Schmerzen leidend. (Tatsächlich hatte ich mir, bevor ich losfuhr, eine Rippe geprellt, so daß mein Atem schwer ging und mich sehr schmerzte.)

Etwa um die Uhrzeit, als mein Vater gestorben war, erwachte ich plötzlich in seinem Bett mit unerklärlichen und peinigenden Schmerzen an meiner linken Ferse. Ich verspürte instinktiv den Impuls, die Ferse von der Matratze anzuheben, um den Druck zu erleichtern. In dem Moment fiel mir ein, daß mein Vater einen Verband um die linke Ferse gehabt hatte, um die Druckstellen zu heilen, die er durch sein Nervenleiden und vom langen Liegen im Bett bekommen hatte.

Mir entging nicht, wie rätselhaft dieser Vorfall war, und genau wie es meinem Vater so oft mitten in der Nacht gegangen war, mußte ich meine Blase erleichtern. Immer noch mehr müde als verwundert, schlief ich danach wieder ein.

Allerdings würde ich es von diesem Zeitpunkt an nicht mehr Schlaf nennen. Ich war nicht bei Bewußtsein, aber es war, als wäre ich in einem ziemlich großen Raum und von Licht umgeben, das von nirgendwoher zu kommen schien. Aus dem Raum erklang eine Stimme. Es war die meines Vaters.

Mein Vater sagte mir, er sei wahrhaftig tot, aber bevor er gestorben sei, habe er eine Nachricht für mich aufgenommen. Wo er das getan hatte, fragte ich nicht. Ich lauschte nur.

»Es geht mir gut. Ich wollte dir nur für alles danken, was du für mich getan hast, als ich gestorben bin. Es hat mir wirklich geholfen.«

Ich hatte kein Bedürfnis verspürt, meine Handlungen von damals von meinem Vater oder sonst irgend jemandem bestätigt zu bekommen. Als mein Vater starb, war ich durch jede Rolle gegangen, die ich im Leben je angenommen hatte, in die ich je hineingewachsen war. Ich fühlte mich gut damit, wie ich in jener Zeit gewesen war.

Dennoch: Selbst wenn es nur ein Traum war, das Gefühl, daß mein Vater mir einmal mehr über den Kopf strich, war ein Geschenk, das jeder kleine Junge hoch schätzen würde.

2 Leiden als Weg

Das »Hier und Jetzt« ist nicht *das,*
worauf du dich gefreut hast.
K. S. WANGCHUCK

RICHARD
Ein Mann, der seine Gewehre wollte

In unserer Dienstagmorgen-Sitzung im Hospiz warnte mich Jenna, eine der Krankenschwestern, daß ich mich auf eine verqualmte Wohnung gefaßt machen müsse, wenn ich Richard besuchen ginge. Diese Warnung schien mir ein bißchen übertrieben, zumal es nicht neu war, daß mir Lungenkrebspatienten zugeteilt wurden, die trotz Diagnose selbst in den letzten Stadien ihrer Krankheit weiter rauchten. Sie hatten gewöhnlich alle die gleiche Begründung: »Verdammt, wenn ich sowieso sterbe, kann ich genausogut tun, was mir Spaß macht. Und Rauchen macht mir Spaß.« Eine gefährlichere, tödlichere und kostspieligere Sucht haben wir in unserer Gesellschaft nicht geschaffen. Die Ureinwohner Amerikas hatten mit Tabak kein Problem. Sie sahen es als ein heiliges Mittel an. Vielleicht ist das der Grund, warum Tabak auf so viele Menschen eine unwiderstehliche Anziehung ausübt. Es läßt sich nicht leugnen, daß ich in dieser Frage keinen neutralen Standpunkt beziehe, aber ich arbeite hart an mir, um diese Sache nicht zwischen mich und andere kommen zu lassen. Wer von uns weiß schon, welche Mächte hinter den Lebensumständen stehen, die andere zu ihrem Handeln treiben?

Ich kam um etwa halb elf morgens in Richards kleinem Reihenhaus an. Es war ein neues Haus, frisch verputzt. Aber als ich durch die Eingangstür trat, wurde sofort klar, daß Richards hingebungsvolles Rauchen sich wie ein Film auf den gesamten Wohnraum gelegt hatte – von der Küche bis zum Bad auf jedes einzelne Möbelstück. Und mitten drin Richard: eine mittelgroße Bohnenstange von Mann mit rötlichem Haar, das langsam ergraute, und Augen und Haut, die davon zeugten, wie viele Jahre er dem Rauchen schon ergeben war. Während wir sprachen, steckte er sich eine Zigarette an der anderen an.

Richard war nicht nur ein Gentleman, sondern auch ein *gentle man* – ein sanftmütiger Mann. Er hatte schon die verschiedensten Berufe gehabt, aber der, mit dem er sich am meisten identifizierte, war Farmer. Während meiner wöchentlichen Besuche unterhielten wir uns über das Land und das Leben auf einer Farm. Ein Reihenhaus war nicht so unbedingt Richards Sache, aber da sein Zustand schlechter geworden war, hatte sein Sohn Jeff beschlossen, Richard nach Santa Fe in seine Nähe zu holen. Dieser Umzug hatte aus zwei Gründen einen bitteren Beigeschmack für Richard. Fünf Jahre zuvor hatte Jeff seine Mutter, Richards Frau Sarah, nach Santa Fe geholt, weil Richard ihre fortschreitende Demenz nicht mehr bewältigen und ertragen konnte. Sarah wohnte in einem Altenheim. Richard mußte also sein geliebtes Heim verlassen und außerdem an einen Ort ziehen, an dem er sich gezwungen fühlen würde, seine Frau in einem Zustand zu sehen, den er aus seinem Gedächtnis zu verdrängen versucht hatte. Richard, der mit diesem ganzen emotionellen Durcheinander und Schmerz zu kämpfen hatte, ließ sich aber als Gentleman mit einem ausgeprägten Sinn für die Einhaltung der Etikette nichts anmerken und bot mir eine Tasse Tee oder etwas Schokolade an, während er sich die nächste Zigarette ansteckte.

Abgesehen von Richards vermindertem Betätigungsdrang waren die Untersuchungsergebnisse die einzigen Anzeichen für den Ernst seiner Lage. Er unternahm immer noch kleinere Spaziergänge und ging zusammen mit Jeff Sarah besuchen. Seine Augen waren schlechter, als er wahrhaben wollte, und es dauerte ein paar Monate, bis Jeff ihn überredet hatte, ihm die Autoschlüssel zu geben.

Das Auto war für Richard ein Symbol seiner Unabhängigkeit – und mit Sicherheit auch ein Zeichen seiner »Männlichkeit«. Was es für ihn wahrscheinlich leichter machte, auf das Auto zu verzichten, war das nächste Symptom seines langsamen Dahinscheidens, seine zunehmende Appetitlosigkeit. Richard liebte gutes Essen. Er war ein ganz passabler Koch, aber als er schwächer wurde und immer schlechter sehen konnte, tat er sich in der Küche schwer. Die »Gummiadler«, wie er die Brathähnchen vom Essen auf Rädern nannte, waren für ihn ungenießbar. Der einzige Weg für ihn, an eine leckere Mahlzeit zu kommen, war eine langsame Fahrt zu einem Restaurant. Er erinnerte sich oft und mit Begeisterung daran, wie gut die Burger in seinem Lieblingsrestaurant waren. Wie es bei Krebskranken häufig der Fall ist, fand Richard mit der Zeit jedoch, daß das Essen nicht mehr richtig schmeckte – nicht einmal die Burger in seinem Lieblingsrestaurant. Als seine Begeisterung für gutes Essen langsam schwand, war das Auto auch nicht mehr so wichtig für ihn.

Noch immer ganz Gentleman, wollte Richard jedoch nicht, daß seine Schwäche, Verlust des Augenlichts oder Appetitlosigkeit, im Mittelpunkt seiner Unterhaltungen stand. Das Thema Rauchen anzuschneiden, stand für mich völlig außer Frage. Er wußte, was er tat, und es erschien mir nicht fair, von ihm zu verlangen, daß er dieses eine Vergnügen, das ihm noch geblieben war, aufgab. Der einzige Aspekt seiner Krankheit, über den er mit mir sprechen wollte, waren die ärztlichen Untersuchungsergebnisse. Ähnlich wie viele andere meiner Patienten so um die siebzig, achtzig Jahre war er infolge seines langsamen Siechtums häufiger beim Arzt gewesen als je zuvor in seinem Leben. Und wie so viele von ihnen, ob sie an einer Krankheit litten oder einfach an Alterserscheinungen, klammerte sich Richard an jedes Wort und jeden Bericht seiner Ärzte. Wenn sein Zustand von einem Krankenbericht zum nächsten unverändert geblieben war, fragte er sich, ob seine Krebserkrankung am Abklingen war. Schließlich erwartet man doch von so einer Krankheit, daß sie sich verschlimmert. Oder? Und wenn sie das nicht tut, geht sie vielleicht schon weg, oder man hat sie schon gar nicht mehr. Solche Schlußfolgerungen habe ich immer wieder gehört.

Vielleicht war es herbeigeredet, vielleicht war auch einfach die Zeit gekommen, jedenfalls verschlechterte sich Richards Zustand erst dann merklich, als er von seinem Arzt hörte, daß sich sein Lungengeschwür vergrößert hatte. Wenn ich ihn nun besuchte, saß er in einem Sessel und versuchte angestrengt aufzustehen, wollte jedoch keine Hilfe. Er hatte zwar einen Gehstock, aber der nützte ihm nicht viel, vor allem da Schwindel- und Übelkeitsanfälle sich als nächste Symptome einstellten. Von einem Gehwagen wollte er aber nichts wissen – im Moment zumindest noch nicht. Seine Mahlzeiten beschränkten sich auf Dosensuppen und alles, was er an Fertiggerichten essen konnte – hauptsächlich Kräcker. Eine Hilfsschwester vom Hospiz kam, um ihn zu waschen, und ehrenamtliche Helfer besorgten den Haushalt. Jenna beobachtete Richards Symptome und versuchte, ihm Linderung zu verschaffen. Die Übelkeit konnte weitgehend abgestellt werden, aber die Schwindelanfälle blieben. Jeff tat alles, was er konnte. Er wünschte, er hätte Richard zu sich nach Hause holen können, aber das stand völlig außer Frage, da Jeffs Frau sich gerade von einem schweren Autounfall erholte. Sie hätte Richard nicht zur Hand gehen können. Außerdem wollte Richard nicht umziehen.

Als Richards Kräfte immer mehr schwanden, wurde jedoch allen Beteiligten klar, daß er in ein Heim gebracht werden müßte, wo man ihn ständig beobachten und für ihn sorgen könnte. Aber das wäre das Schlimmste für Richard gewesen, und er war nicht bereit dazu. Er fand es eine viel bessere Lösung, seine zwei Gewehre zu nehmen und Schluß zu machen.

Jeff hatte schon gehört, wie sein Vater diese Ansicht kundtat, Jenna nicht. Als sie diesen Gedanken von Richard hörte, setzte sie sich mit mir in Verbindung, und wir trafen uns mit Jeff. Wir erklärten Jeff, daß es aus rechtlichen, ethischen und Sicherheitsgründen für alle das beste wäre, wenn die Gewehre aus dem Haus kämen. Jeff hatte von seinem Vater das Schießen gelernt und wußte, was die Gewehre für Richard bedeuteten. Er wußte, wie sein Vater reagieren würde. Er wußte aber auch, daß ihm der Gedanke unerträglich wäre, sein Vater könnte Selbstmord begehen, egal wie schlecht es ihm ging. Als Jeff die Gewehre aus Richards Schlafzimmerschrank holte, mußte er die schlimmste Schimpftirade seines Lebens über sich ergehen lassen. Es schmerzte ihn sehr, aber es mußte sein.

Die Gewehre aus dem Haus und mit verstärkter Pflege von Jeff, der Schwester, dem ehrenamtlichen Helfer, der Hilfsschwester und mir konnte Richard noch etwa vier bis sechs Wochen in seinem Reihenhaus wohnen bleiben. Dann mußte er an einen Ort, wo er rund um die Uhr betreut werden konnte. Das wurde jetzt besonders dringlich, weil sich sein Zustand deutlich verschlechterte. Er hatte immer weniger Hunger, und Übelkeit und Schwindelanfälle nahmen zu. Medikamente hatten nur geringen Erfolg. Sobald ein Symptom verschwand, tauchte das nächste auf, das Richard auf neue Art quälte. Physischer Schmerz beherrschte immer häufiger Richards Leben, und mit ihm kam das Bedürfnis nach immer mehr Medikamenten. Jeff hatte nicht viel Geld, und auch aus dem Verkauf von Richards Reihenhaus würde er nicht so schnell etwas loseisen können. Richard wehrte sich außerdem hartnäckig dagegen, ein Pflegeheim auch nur in Betracht zu ziehen. In einer Unterredung zwischen Vater und Sohn wurde beschlossen, daß Richard in das gleiche Altenheim wie Sarah ziehen würde.

Es war ein übliches Altenheim, aber es war relativ sauber, und die Angestellten waren einigermaßen aufmerksam. Das Essen war nicht nach Richards Geschmack, aber das wäre wohl überall so gewesen. Jedenfalls waren die Angestellten bereit, ihn gelegentlich nach draußen zu bringen, damit er eine Zigarette rauchen konnte. Es war schwer zu sagen, was am meisten zu Richards immer stärkeren Schmerzen und seiner Übelkeit beitrug: das Fortschreiten seiner Krankheit, die Wut und Verzweiflung darüber, seine Unabhängigkeit zu verlieren oder zu wissen, daß Sarah sich quasi in Sichtweite befand, aber eigentlich außer Reichweite war und nicht zeigen konnte, ob sie überhaupt wußte, daß Richard da war. Wahrscheinlich machte das alles sein Leben von Tag zu Tag weniger lebenswert. Wochenlang begannen alle meine Gespräche mit Richard mit seiner Frage: »Warum bringt Jeff mir nicht meine Gewehre?«

Jeff und Jenna bemühten sich sehr, den Angestellten des Altenheims zu helfen, sich an Richard zu gewöhnen. Seine Sanftmut war Niedergeschlagenheit und Frustration gewichen. Tagein, tagaus litt er immer stärker an den Schmerzen. Jede Woche kam das Thema Gewehre erneut zur Sprache. Wegen all der Veränderungen, die Richard körperlich, emotionell und in seiner Umgebung durchmachte, schien mir als Berater nur ein Weg offenzustehen: Ich mußte ihm jemand sein, bei dem er all seine Wut herauslassen konnte, all seine Frustration darüber, daß sein Leben ihm nichts mehr zu versprechen, ihm keinen Frieden mehr zu geben schien.

Nach diesen Besuchen ging ich immer noch zu Sarah und war eine Weile bei ihr, bevor ich aufbrach. Meistens kam ich zu ihr, wenn sie gerade gefüttert worden war. Sie saß immer gebeugt in einem Sessel bei den Vorhängen am Fenster. Ihr stahlgraues Haar hing ihr ins Gesicht. Ihr Blick schien nach innen gerichtet, aber sie war auf eine merkwürdige Art präsent. Sie sagte keinen Ton. Dennoch fühlte ich mich genötigt, mit ihr zu sprechen.

Ich erzählte ihr dann immer, daß Richard im gleichen Haus wie sie war, daß er sie liebte und hoffte, es ginge ihr gut. Ich erzählte ihr auch, daß Richard im Sterben lag und er so gut es ging versuchte, sein Schicksal anzunehmen. Man konnte zwar nicht sehen, daß ein Austausch zwischen uns stattfand; aber genauso, wie wir oft spüren, was Leute über uns denken, wenn wir einen Raum betreten, merkte ich, daß Sarahs gebeugte Haltung mit jedem Besuch entspannter war. Danach erzählte ich Richard immer von meinen Besuchen bei Sarah. Abgesehen von Jeff und den Angestellten des Altenheims war ich offensichtlich der einzige, der etwas Zeit bei Sarah verbrachte. Dies zu wissen, war Richard wohl tröstlich.

Eines Tages fand ich Richard mitten im Zimmer in seinem Liegesessel. Er hatte kein Interesse an dem Sandwich, das man ihm noch hatte liegenlassen. Er war an den Punkt gelangt, wo nicht einmal mehr die Verlockung einer Zigarette ihm Anreiz genug war, nach draußen zu gehen – selbst wenn man ihm Hilfe anbot. Sein Sessel stand vor einem Fernseher, der aber nicht eingeschaltet war. Seit ich ihn das erste Mal besucht hatte, hatte er mindestens zwölf Kilo abgenommen. Er war nur noch der Schatten seiner selbst: frustriert, niedergeschlagener denn je, und der Schmerz war allgegenwärtig.

An diesem Tag aber machte er nicht wie sonst seiner schlechten Laune Luft, sondern er war nachdenklich. Alles, worauf er gehofft hatte, um von außen her sein Lebensdilemma zu lösen – stärkere Medizin, mehr Freiheit, seine Gewehre –, hatte versagt, war nicht möglich oder außer Reichweite. Nach der vielen Zeit, die ich mit Richard verbracht hatte, wußte ich, daß er ein tiefgründiger, gläubiger und seinem Wesen nach ein spiritueller Mann war. Da er dieses Mal zugänglicher zu sein schien, unternahm ich den Vorstoß, ihm einen Vorschlag zu machen.

Wenn der Schmerz alles durchdringt, wenn er die einzige Konstante im Leben ist, fühlt man sich gezwungen, einen Sinn für seine Existenz zu finden. Der Vorschlag, sein Leben auf die möglichen Ursachen und die Geschichte des Schmerzes hin zu durchleuchten, ist allerdings nicht gerade hilfreich und kann geradezu anmaßend sein; egal, ob es sich um körperliche, geistige oder seelische Schmerzen handelt.

Ich wußte aus unseren Unterhaltungen, daß er früher, wenn er krank war, und auch jetzt, da er im Sterben lag, schwächere Schmerzen durch seine Vorstellungskraft gelindert und sich so etwas Ruhe verschafft hatte. Im Moment funktionierte das allerdings nicht. Manchmal stoßen wir mit dem, was wir mit unseren Fähigkeiten für möglich halten, an eine Grenze. Dann brauchen wir jemanden, der uns sagt, wozu wir diese Fähigkeiten nutzen können. Richard brauchte nichts Neues zu lernen, er mußte nur das, was er tat, auf eine neue, effektivere Weise tun.

»Richard, kannst du dir vorstellen, daß jemand anderes das gleiche durchmacht, wie du jetzt?«

Es traten ihm fast die Tränen in die Augen, als er sagte: »Das würde ich niemandem wünschen.«

Ich fuhr fort: »Dann laß uns aus diesem Wunsch ein Gebet machen. Jedesmal, wenn du Schmerzen hast, sagst du dir: ›Mag der Schmerz, den ich jetzt erleide, der letzte dieser Art für alle Menschen sein. Laß mich dieses Leiden mit mir nehmen, wenn ich sterbe, damit niemand mehr so leiden muß, wie ich es jetzt tue.‹«

Es ist ein Gebet der Nächstenliebe, ein Gebet, das der größte Triumph und Höhepunkt im Leben jedes großen Meisters und Heiligen auf dieser Erde ist. Wer sein Leben meistert, ist ein Meister. Wer diesen Triumph nutzt, um anderen zu dienen, ist ein Heiliger. Im Moment der größten Versuchung in Richards Leben stand seine existentielle Verzweiflung dem Erhabenen dieses Gebets gegenüber.

Und Richard folgte diesem Vorschlag wie dem Funken Licht im tiefsten Dunkel. Die Idee gefiel ihm, auch wenn ich ihm keine Wunder versprach, etwa daß seine Schmerzen dadurch gelindert würden oder ihm sonst irgendein Nutzen entstehen würde. Für den Moment erhielt das, was ihm so entsetzlich sinnlos vorgekommen war, einen Sinn.

Bei meinen nächsten zwei Besuchen fand ich Richard nicht mehr in seinem Sessel sitzend, sondern er lag im Bett. Mehr und mehr geschwächt, benutzte er immer häufiger eine Bettpfanne und einen Nachtstuhl. Statt im Bad zu duschen, wurde er nun gewaschen. Dennoch schien in seinem Inneren eine Veränderung vorgegangen zu sein, und – ganz der verläßliche Gentleman – berichtete er, daß er immer sein Gebet sagte.

Ich hatte dann ein paar Wochen außerhalb der Stadt zu tun, und als ich wiederkam, erforderten andere Fälle meine Aufmerksamkeit. Jenna hielt mich auf dem laufenden, wie es Richard ging. Es bedrückte mich, daß ich Richard seit über drei Wochen nicht mehr besucht hatte. Aber was ich dann bei unserem nächsten Treffen vorfand, hatte ich nicht erwartet.

Richard lag im Bett. Es hatte fast den Anschein, als könne man durch ihn hindurchsehen, und ein Strahlen ging von ihm aus. Sein Haar war schneeweiß geworden. Er war sehr geschwächt, aber er lächelte. Er beschwerte sich nicht. Sein dünner, zerbrechlicher Körper verströmte ein Gefühl der Ruhe. Er sagte mir, daß der Schmerz nicht mehr so wichtig sei. Es ginge ihm gut. Er habe jetzt Träume und Visionen von Sarah: sie käme zu ihm, und sie unterhielten sich. Worüber sagte er nicht. Es war nicht wichtig. Was immer es war, was ihm in diesen Träumen und Visionen widerfuhr, es brachte ihm Frieden. Das war das einzige, was wichtig war.

Als ich den Raum verließ, war ich sehr berührt von Richards Verwandlung. Auf meinem Weg durch das Altenheim dachte ich, es sei sicher richtig, bei Sarah vorbeizuschauen und ihr die Nachricht von Richards Befinden zu bringen. Sie saß in einer Ecke, schien zu lächeln und mir zuzuzwinkern. Ich brauchte nichts zu sagen. Sie wußte es bereits.

Jenna riet Jeff, Richard in ein Hospiz verlegen zu lassen. Das war ungefähr zwei Wochen später. Richard war jetzt ständig ans Bett gebunden, so daß nun eine Betreuung rund um die Uhr durch Krankenpfleger erforderlich erschien. Jeff zögerte, Richard zu verlegen. Er fürchtete, ein erneuter Ortswechsel wäre zuviel für Richard. Das war aber nicht der Fall. Richard ließ die Verlegung in völliger Ergebenheit über sich ergehen.

Im Hospiz lag Richard im Bett. Die Angestellten meinten, was für ein Gentleman und »gentle man« Richard doch sei. Er hatte die dunkelsten Momente seines Lebens durchlebt und war als friedlichere und vollkommenere Verwandlung seines früheren Selbst daraus hervorgegangen. Nie hörte man von

Richard eine Beschwerde. Schwach wie er war und kaum fähig zu sprechen, gab er dennoch jedem Besucher das Gefühl, willkommen und geschätzt zu sein. Die Qual, die Richard dazu gebracht hatte, nach seinen Gewehren zu flehen, gehörte der Vergangenheit an.

Richard starb friedlich in seinem Bett.

ROSA
Die Macht ihrer Beschwörungsformeln

Rosa hatte in ihrer Familie das Sagen. Das war von Anfang an klar. Einen Termin für ein Treffen mit ihr abzumachen war ziemlich kompliziert gewesen. Sie wollte, daß mindestens eine ihrer Töchter anwesend wäre, wenn ich käme. Bei unserer ersten Begegnung stellte sich dann heraus, daß sie ihre Tochter nicht deshalb dabei haben wollte, etwa weil sie sich schwach oder unsicher fühlte oder der Meinung gewesen wäre, es sei gut für ihre Tochter. Rosa hatte ihre Familie ganz einfach so erzogen, daß sie wie ein eingespieltes Team funktionierte. Jeder hatte seinen Platz und seine Befugnisse. Rosa hatte sie dazu erzogen, offen, ehrlich und hart im Nehmen zu sein. Sie wollte, daß ihre Tochter anwesend war, um sicherzugehen, daß alle mitbekamen, was hier vorging. Sie wollte, daß alle Karten offen auf dem Tisch lagen und nichts verheimlicht wurde. Hinter den direkten Fragen und den ernsten, unbewegten Gesichtern verbarg sich jedoch eine tiefe Wärme, die die ganze Familie verband.

Rosa war viele Jahre lang Krankenschwester gewesen. Nun litt sie an sehr schmerzhaftem, unheilbarem Krebs. Sie war groß, eine Dame, und an ihren langsamen Bewegungen beim Gehen und im Sitzen sah man, wieviel Mühe sie aufbrachte, nicht den Schmerzen zu unterliegen. Obgleich man ihr diesen inneren Kampf ansehen konnte, sprach sie immer sehr einfühlsam, ob mit mir, ihrer Tochter, ihrer Schwester oder ihrem Ehemann Nick. Als Familienoberhaupt hatte Rosa viele Sorgen, ihre Kinder bauten noch immer auf ihre Stärke. Aber ihre größte Sorge bestand darin, Nick zurückzulassen, wenn sie starb. Ich konnte Rosa besser verstehen, als ich von Nicks Vorgeschichte erfuhr.

Nick war Mitte Siebzig und immer noch ein gutaussehender Mann – und er hatte Alzheimer im mittleren Stadium. Er war liebenswürdig und konnte noch recht gut eine kurze Unterhaltung führen. Allerdings erzählte er manche Geschichten zum wiederholten Mal, und zwar so, als würde er sie mir das erste Mal erzählen.

Nick hatte in seiner Jugend Tennisprofi werden wollen. Selbst Rosa bestätigte, daß Nick in seiner Blütezeit ein Spieler wie Pancho Gonzales gewesen sei. Bei einem freundschaftlichen Softballspiel in der Nachbarschaft wurde er von einem Ball so hart ins Gesicht getroffen, daß er auf einem Auge erblindete. Da sein Traum zerstört war, hatte Nick sich eine einfache berufliche Stelle gesucht und versucht, das Beste daraus zu machen. Zweifelsohne hatte er zusammen mit Rosa am Entstehen des Familien-Teamgeistes gearbeitet. Aber er war ein gebrochener Mann, und es war Rosa, die ihm die ganzen Jahre über Kraft gegeben hatte. Jetzt, da Rosa behindert war und Nick Alzheimer hatte, mußte immer jemand bei ihm sein. Man konnte ihn nicht allein lassen. Rosa fragte sich, was bloß aus Nick werden sollte, wenn sie starb.

Ich beriet die Familie in finanziellen Angelegenheiten und trieb eine Geldquelle für ein neues Kühlsystem für Rosas und Nicks Haus auf. Meine Hauptaufgabe war, bei der Altersfürsorge sicherzustellen, daß Nicks Rente und Krankenversorgung weitergezahlt würden. Ihre zwei Töchter und ihr Sohn gewöhnten sich langsam an den Gedanken, daß ihre Mutter bald sterben würde, und gelangten zu klaren Entschlüssen, wie sie sich um ihren Vater kümmern wollten.

Während der Wochen, in denen ich sie besuchte, um diese Dinge zu regeln, verschlechterte sich Rosas Zustand rapide. Praktisch von heute auf morgen mußte sie vom Gehwagen zum Rollstuhl wechseln, schließlich konnte sie nur noch im Bett oder in einem Sessel liegen. Beinahe täglich mußte eine unserer Krankenschwestern ihre Medizin neu dosiern. Dennoch verrieten Rosas bleiche Haut und roten Augen, daß sie weit mehr erlitt, als sie sich zu erzählen gestattete. Rosa konnte viel für sich behalten.

Nachdem ich die Rechnungen und die Dinge für Nick in Ordnung gebracht hatte, wußte ich nicht, was ich nun für Rosa und ihre Familie noch tun konnte. Die Töchter telefonierten gelegentlich mit mir, aber es ging meist um finanzielle Angelegenheiten. Rosas Sohn war mit der Tatsache konfrontiert, daß seine Frau mit dem gleichen Krebs im Krankenhaus lag, an dem seine Mutter gerade starb. Er wollte aber nicht mit mir reden. Lediglich seine Schwestern und Rosa erzählten mir, was mit ihm los war. Selbst hierüber sprach Rosa aber sehr zurückhaltend, und ich würde nicht sagen, daß wir mehr als eine Höflichkeitsbeziehung hatten.

Die Hausbesuche seitens der Beratungsstelle eines Hospizes finden in der Regel alle vierzehn Tage statt, es sei denn, es werden ausdrücklich häufigere – oder weniger häufige – Besuche gewünscht. Rosa äußerte keine Wünsche. Alle vierzehn Tage, wenn ich Rosa anrief, bat man mich jedoch vorbeizukommen. Also fuhr ich hin und war aufgeschlossen für alles, was Rosa oder ihre Familie zu dem Zeitpunkt von mir wollten. Es schien, daß ich durch meine Anwesenheit für Rosa die gleiche Aufgabe erfüllte wie für so viele, die in ein Hospizprogramm eintreten: das wichtigste war, einfach da zu sein. »Eine Verbindung zur Patientin herstellen« war die Funktion meiner sozialen Arbeit, die ich in meinen Arbeitsnotizen vermerkte.

Eines Tages kam ich vorbei, als sich gerade eine Cousine um Rosa und Nick kümmerte. Von der Hintertür zur Küche aus konnte ich Rosa in ihrem Sessel sehen. Ihr Blick wirkte beinahe wie hypnotisiert, und ich konnte sie mit feierlicher Stimme sprechen hören. Als ich näher kam, hörte ich: »Dein Reich komme. Dein Wille geschehe, wie im Himmel, so auf Erden. Unser tägliches Brot gib uns heute. Und vergib uns unsere Schuld, wie auch wir vergeben unsern Schuldigern. Und führe uns nicht in Versuchung...«

Als sie zu dem Wort »Versuchung« kam, begann sie sofort, das Vaterunser ab dem Satz »Dein Reich komme. Dein Wille geschehe« zu wiederholen. Wieder kam sie bis »Versuchung« und ging zurück zu »Dein Reich komme«.

Sie hatte einen angespannten, starren Blick. Wieder und wieder sprach sie die Worte. Während ich sie ansah, kam das Gefühl in mir auf, sie könnte wollen, daß ich die Worte mit ihr zusammen spräche. Ich kniete neben ihr nieder und griff nach ihrer Hand. Sie umklammerte meine fest, und wir begannen gemeinsam zu rezitieren: »Dein Reich komme. Dein Wille geschehe...« An ihrer Umklammerung konnte ich spüren, wie die Schmerzwellen in ihrem Körper auf- und abwogten. Wenn der Schmerz zunahm, griff sie fester zu, und das Gebet wurde eindringlicher. Wenn er nachließ, ging das Gebet mit weniger Eindringlichkeit weiter. Wie ein Soldat, der in der Schlacht gefallen war und Gebete vor sich hin sprach, benutzte Rosa das Gebet, um ihre Schmerzen in einen sinnvollen Glaubensakt zu verwandeln.

Als wir zu »Versuchung« gelangten, dachte ich, ich sollte

einfach fortfahren. Aus irgendeinem Grund dachte ich, daß Rosa sich vielleicht nicht an den Rest des Gebets erinnern konnte. Sie ging wieder zurück zu »Dein Reich komme«. Ich verwarf meinen Gedanken und schloß mich ihr an. Der Rhythmus ihrer Beschwörungsformel strahlte große Kraft aus, wirkte fast hypnotisierend.

Das Telefon klingelte. Rosa fuhr fort mit ihrem Singsang, ich mit ihr. Nick hatte Rosa die ganze Zeit gegenübergesessen. Er sah verwirrt aus und war verliebt in die Frau vor ihm. Er ging ans Telefon. Rosa und ich fuhren mit unserem Singsang fort, während Nick sprach und dann auflegte. Er sah mich an und sagte: »Das war meine Schwester. Ich habe eine Schwester.«

Rosa blickte zu Nick hoch und sagte kurz in ihre Beschwörungsformel hinein: »Und zwei Brüder«, um gleich darauf mit »Dein Reich komme. Dein Wille geschehe ...« fortzufahren.

Das zeigte, daß Rosa genauso präsent war wie immer, auch wenn sie wie in Trance schien. Aber ihr Schmerz und die Notwendigkeit, von Moment zu Moment durchhalten zu müssen, nahmen jetzt mehr ihrer Aufmerksamkeit in Anspruch. Sie hatte sich gerade so weit nach innen zurückgezogen, um Trost und Kraft in einer heiligen Formel zu finden. Sie dosierte ihre eigene geistliche Medizin.

Ich besuchte Rosa noch ein weiteres Mal. Nick saß verwirrt und voller Liebe zu Rosa auf dem Sofa. Rosa lag jetzt in einem Krankenhausbett im Wohnzimmer. Nur mühsam konnte sie die Augen öffnen. Ihre Stimme war kaum zu hören. Aus einem Gespräch mit Rosas Krankenschwester erfuhr ich, wieviele weitere Stadien des Schmerzes Rosa seit meinem letzten Besuch durchgemacht hatte. Doch wie so viele andere, die ich gesehen habe, schien sie nun durch das Nadelöhr geschlüpft zu sein, das zwischen dem irdischen Schmerz und den letzten Stufen liegt, die in das Land führen, das uns nach dem Tod erwartet – wie auch immer man sich dieses vorstellen mag. Ich verabschiedete mich.

Als ich mich umdrehte, um zu gehen, stand Nick da. Alzheimer ist eine rätselhafte Krankheit. Es hat bisweilen den Anschein, als sei der rationale Gehirncomputer nicht angeschlossen, so daß das Herz weicher und riesengroß werden kann. Mit weitaufgerissenen Augen und klarer, als ich ihn je gesehen hatte, griff er nach meiner Hand. Er schüttelte sie und sagte: »Danke.«

Ich denke häufig über Rosa und Nick nach. Ich sehe Augen, die vor Schmerz blutunterlaufen sind, und Augen, aus denen Verwirrung und Liebe spricht. Ich danke beiden.

Noch einige Bemerkungen über den Schmerz

Schmerz ist wahrscheinlich das, was wir im Leben neben dem Sterben und dem Tod am meisten fürchten. Ja, die meisten Sterbenden, die ich begleitet habe, fürchteten den Tod weniger als den Schmerz, den viele Menschen auf ihrem Weg zum Tod erleben.

Jeder von uns hat schon Schmerz erfahren. Schmerz hat viele Gesichter und berührt uns auf jeder Ebene unseres Daseins. Es gibt körperliche, geistige und seelische Qualen. Interessant dabei ist, wie leicht der Schmerz auf einer Ebene den Schmerz auf einer anderen Ebene beeinflussen und hervorrufen kann. Körperlicher Schmerz kann psychischen oder sogar religiösen Schmerz hervorrufen, wie ich bei Sterbenden erlebt habe: ihre Schmerzen waren so stark, daß sie begannen, an ihrem Glauben und ihrer Beziehung zu Gott zu zweifeln.

Es kann auch vorkommen, daß religiöse Zweifel eine psychophysische Anspannung hervorrufen, so daß jedes kleine (oder große) körperliche oder emotionelle Unbehagen nicht mehr ertragen werden kann.

Schmerz ist relativ. Die Schmerzgrenze scheint bei jedem Menschen unterschiedlich hoch zu liegen. Dinge, die dem einen Schmerz und Unbehagen bereiten, können den anderen unberührt lassen. Wie schon das Sprichwort sagt: Des einen Freud ist des anderen Leid.

Es ist eine vernünftige menschliche Reaktion, Schmerz zu vermeiden. Es ist auch einsichtig zu wollen, daß der Schmerz so schnell wie möglich aufhört. Der Schmerz ist es, den jede große Heilkunst und jedes religiöse System dieser Welt bekämpft, ob die Krankheit nun körperlicher, emotioneller oder spiritueller Natur ist. Aber auch wenn das Erleiden von Schmerz bekämpft werden muß, um den Patienten Erleichterung zu verschaffen, gehört es in diesen Traditionen ebenso dazu, darauf zu hören und zu verstehen, was uns dieser Schmerz mitteilt. Woher kommt der Schmerz? Gibt es vielleicht Dinge in unserem Umfeld, an unserem Lebensstil, unseren Gefühlen oder unserem Glauben, die genauer unter die Lupe genommen und gegebenenfalls verändert werden müssen? So ist es Ziel dieser Systeme, nicht nur die Schmerzsymptome zu bekämpfen, sondern auch deren Ursachen an der Wurzel zu packen. Wenn wir tiefere Einsichten gewinnen, erkennen wir, daß Schmerz aus Entscheidungen entsteht, die wir mehr oder weniger bewußt treffen, daß er eine natürliche Begleiterscheinung ist, beim Übergang vom Säuglingsdasein zur Kindheit, von der Kindheit zum Erwachsenenleben, vom Erwachsenenleben zum Alter bis hin zum Tod. Wie das Sterben und der Tod ist auch der Schmerz ein wichtiger Bote, der uns etwas lehrt. Wir können den Schmerz verwandeln, indem wir uns selbst wandeln, auf körperlicher, emotioneller oder spiritueller Ebene.

Unsere Kultur hat sich jedoch so stark auf Äußerlichkeiten und materielle Dinge fixiert, daß wir dazu neigen, Schmerz als Feind anzusehen. Wir haben es mit der Schmerzvermeidung derart widernatürlich weit getrieben, daß wir schon bei nicht nennenswerten Unpäßlichkeiten auf dramatische Weise überreagieren. Wir wollen bekommen, was wir haben wollen, und zwar sofort. Wenn es zu kalt ist, wollen wir, daß es warm ist. Wenn es zu warm ist, wollen wir, daß es kalt ist. Durch unsere technischen Möglichkeiten sind wir daran gewöhnt, auch erwarten zu können, daß diese Anpassungen an unser Wohlbefinden unverzüglich vorgenommen werden – zumindest annäherungsweise. Im Sommer verlassen wir unser klimatisiertes Haus, steigen in unser Auto mit Klimaanlage und fahren zu unserem klimatisierten Arbeitsplatz. Im Winter bleiben wir auf die gleiche Weise ständig im Warmen. Restaurants und Supermärkte haben 24 Stunden am Tag geöffnet, damit wir essen können, wann immer wir wollen, was immer wir wollen. Wir wollen Erfolg im Beruf, viel verdienen und perfekte Kinder. Wir wollen, daß unsere Kinder mit den »richtigen Werten« aufwachsen – mit unseren Werten. Aber wir bringen sie freiwillig oder gezwungenermaßen in den Kindergarten, damit wir unseren Arbeitsplatz und unsere finanzielle Sicherheit behalten. Wenn wir dann zusammenbrechen, weil wir zu viel tun und zu wenig leben, nehmen wir etwas dagegen ein. »Ich hab keine Zeit für Schmerzen.« Dieser Werbeslogan für ein amerikanisches Schmerzmittel ist zu einem kulturellen Motto avanciert. Und wenn wir dann anzweifeln, was wir tun, oder infrage stellen, warum wir das Leben so handhaben, wie wir es handhaben, gibt es ja immer noch Antidepressiva. Schließlich machen wir uns dagegen immun, irgendeine Erfahrung zu machen, die uns von unserem Weg abbringen könnte, einem Weg, der auf irgendwelche verschwommenen Ziele zuführt oder uns das Gefühl vermittelt, einen Sinn zu haben. Wir werden ganz gefühllos, weil wir keine Erfahrungen mehr machen außer den wenigen, die uns gerade noch annehmbar erscheinen. Pink Floyds »I have become comfortably numb« (Ich bin so angenehm abgestumpft) kann als eine Phrase betrachtet werden, mit der sich die meisten von uns bis zu einem gewissen Grad identifizieren können. Wir schwimmen im Status quo; wir versuchen, obenauf zu bleiben, lassen uns treiben oder in Ergebenheit herabziehen.

Letztendlich macht uns diese Abstumpfung und diese Immunisierung nicht stärker, sondern schwächer: körperlich, geistig, seelisch. Im gleichen Maße, wie die Herausforderungen und Komplikationen des Lebens mit der Zeit wachsen, brauchen wir immer stärkere Mittel und Ablenkungen, bis das Leben uns schließlich so laut anschreit, daß wir ihm zuhören müssen. Tun wir dies nicht, wird sich das Ausmaß unseres Leidens unweigerlich noch vergrößern. Schmerz und Leiden sind zwei verschiedene Dinge. Der Schmerz gibt körperlich, geistig oder seelisch kund, daß ein Punkt erreicht ist, an dem ein Wandel stattfinden muß. Wie sehr wir unter diesem Schmerz leiden, wird dadurch bestimmt, wie intensiv wir uns in der Vergangenheit mit ähnlichen Schmerzen auseinandergesetzt haben und wie wir dies jetzt tun. Wenn wir wieder einmal versuchen, unsere Sinne und unsere Psyche zu betäuben, dann werden wir aller Wahrscheinlichkeit nach die Lektion des Schmerzes nicht lernen. Das Leiden überträgt sich dann auf den nächsten schmerzhaften Vorfall und wird notgedrungen anders oder größer geworden sein. Denn schließlich soll das Leiden uns darauf aufmerksam machen, daß die Natur uns erneut die Gelegenheit gibt, etwas zu begreifen. Es ist nicht unbedingt ein Zeichen von Dummheit oder eine düstere Seite unseres Wesens, wenn wir die Dinge so lange schleifen lassen, bis wir keinen Ausweg mehr sehen oder die Grenze unserer körperlichen, geistigen oder seelischen Belastbarkeit erreicht haben. Es ist einfach so, daß Gewohnheiten sehr schwer gebrochen werden können – darum heißen sie auch Gewohnheiten. Wenn wir mit einer Gewohnheit brechen, haben wir das Gefühl, als sei das unserer Natur zuwider. Und doch ist es gerade das, was uns natürlicher macht.

Was die Schmerzen beim Sterben angeht, so will ich nicht sagen, daß schmerzlindernde Mittel und Zuwendung dem Betroffenen vorenthalten werden sollten, damit dieser die Lektionen des Lebens besser lernt. Das wäre arrogant und gefühllos. Aber unsere Art, mit der wir uns jedes kleine Wehwehchen vom Leib zu halten trachten, die möchte ich ernsthaft infrage stellen. Dazu muß man natürlich sagen, daß einige Dinge hierbei schon berücksichtigt werden sollten.

Der ehrwürdige Sogyal Rinpoche, ein tibetischer Lehrer und Gelehrter, sagt über körperliche Schmerzen und ihre Qualen, daß wir uns selbst in ein Dilemma hineinmanövriert haben. In seinem *Tibetischen Buch vom Leben und vom Sterben* merkt er an, es sei bei dem momentanen Stand der Medizin gut möglich, daß die Eingriffe in unser Leben durch Chemikalien oder Operationen unsere Körperenergie so stark verändert haben, daß wir ganz neue Dimensionen körperlichen Leidens geschaffen haben.* Meinem Verständnis nach knüpft diese Überlegung logisch an das Problem an, das ich schon angesprochen habe: Wir haben in unserer entfremdeten Gesellschaft, die schon den Anflug eines Schmerzes fürchtet,

* Sogyal Rinpoche, *Das Tibetische Buch vom Leben und vom Sterben*. Bern, München, Wien: Barth Verlag, 21. Auflage 1998: 439–446.

die Technik dazu benutzt, den Bogen zu überspannen, so daß Schmerz, der als »normal« oder »erträglich« hätte angesehen werden können, zu einem Schmerz ohnegleichen wurde, der schnell, hart und schonungslos zuschlägt. In unserer fast völlig künstlichen Gesellschaft haben wir nicht einmal gelernt, uns körperlich oder mental auf normale Veränderungen und Wandlungen unseres Körpers einzustellen oder sie überhaupt zuzulassen.

Wir haben nicht oder nicht genug darauf geachtet, welche Auswirkungen die Giftstoffe in unserer Umwelt haben oder die Reizüberflutung durch die Medien, das künstlich hergestellte Essen, die Kunstfaser-Kleidung und die Drogen, die wir mit oder ohne Rezept zur Schmerzbekämpfung oder einfach zum Spaß einnehmen. Und dann verschlimmern wir unseren psychophysischen Streß, und die daraus entstehenden Schmerzen durch medikamentöse Eingriffe verändern unsere Körperfunktionen auf Dauer. Wir brennen und roden alles aus, was wir nicht haben wollen. Dabei sind wir uns kaum bewußt, wie schwer es für den Körper ist, sich daran anzupassen. Er muß die Veränderung kompensieren und einen Weg finden, mit diesem veränderten Leben umzugehen. Wenn am Ende der sterbende Körper zusammenbricht, ist es nur logisch, daß wir dann plötzlich ungekannten Körpererfahrungen ausgesetzt sind, die das »normale« Maß des Leids an Körper und Geist, das unsere Vorfahren aushalten mußten, bei weitem übertreffen.

Mir ist ebenso wie Sogyal Rinpoche völlig klar, wie es dazu kommen kann, daß Sterbehilfe oder Selbstmord als logische Reaktionen auf außergewöhnliche oder nie zuvor gekannte Schmerzzustände erscheinen können.* Wir haben uns in der

* Sogyal Rinpoche, *ebenda:* 439–446.

Tat in ein äußerst interessantes Dilemma hineinmanövriert – ein Dilemma, auf das herkömmliche spirituelle und religiöse Modelle keine Antwort geben können. Es kann durchaus sein, daß in Zukunft Dr. Jack Kevorkian heiliggesprochen und die Hemlock Society ganzseitige Anzeigen in der *New York Times* schalten wird.

All das vorausgeschickt, glaube ich gleichwohl, daß die Situation, in der wir uns beim Sterben befinden, nicht gar so entsetzlich ist. Wie ich schon zuvor gesagt habe, kann Schmerz auf einer Ebene andere Ebenen beeinflussen: Körperliches Leiden ruft seelisches hervor und umgekehrt. Die einen ertragen körperliche Schmerzen besser als seelische, bei anderen ist es umgekehrt. Bei der Schmerzbekämpfung ist es immer wichtig, die Behandlung auf der Ebene anzusetzen, auf der der Schmerz am stärksten empfunden wird. Das heißt nicht, daß die anderen Ebenen außer acht gelassen werden sollen. Aber es wäre geradezu grausam von Beistandleistenden, den Leidenden vorzuenthalten, was sie brauchen, wenn sie außergewöhnliche Schmerzen empfinden, die sie wirklich nicht ertragen können oder wollen. Körperlicher Schmerz ist hier schon ausführlich besprochen worden. In einigen Fällen sitzen aber Depressionen und psychische Schmerzen so tief, daß sie auf den Körper ausstrahlen und behandelt werden müssen. Die Betroffenen selbst besitzen nicht die Kraft und die inneren Reserven, um von allein aus diesem dunklen Labyrinth herauszufinden. Diesen Menschen können Antidepressiva oder angsthemmende Mittel dabei helfen, ein paar Sonnenstrahlen mehr in ihr Leben zu lassen. Sie bekommen so geistigen Freiraum, um sich auch über die Tatsache hinaus, daß sie sterben und alles Vertraute und Liebgewonnene zurücklassen müssen, mit ihren Sorgen auseinanderzusetzen.

Es gibt aber nur wenig Menschen, die nicht die Kraft oder

inneren Reserven besitzen, um das existentielle Dilemma des Sterbens, eingeschlossen ihre persönlichen Probleme mit anderen und ihren Schmerzen, zu lösen. Das kann ich aufgrund der Leben der Menschen, die ich begleitet habe, ganz ehrlich sagen. Ich habe gesehen, daß der Schmerz auf allen Ebenen verringert, umgewandelt, manchmal sogar gänzlich überschritten werden kann, wenn man den Menschen Raum gibt, sich zu erforschen, mit ihrem Leben ins Reine zu kommen und den Konflikt, vor den der Schmerz sie stellt, zu lösen. Und es ist ergreifend, zu sehen, wie Menschen ihren Schmerz umwandeln und überschreiten. Das ist es, was ich bei Richard und Rosa und so vielen anderen erlebt habe.

Ob dies seltene Fälle sind? Vielleicht. Aber das hat mit dem Sterben selbst nichts zu tun. In den meisten Fällen sind wir es, die Beistandleistenden, die aus eigener Angst vor Schmerz und aus Liebe zu den anderen nicht geschickt genug im Hintergrund bleiben können, die nicht wissen, wie sie Schmerzlinderung geben und gleichzeitig noch Raum für den Wandel und die Überschreitung lassen können. Unsere Maxime, unser Kodex und unsere eingeschränkte Sichtweise machen uns blind. Unsere Lösungen sind einseitig: Setzt die Menschen unter Beruhigungsmittel und Psychotropika, heißt es da, oder auch: Erlöst sie gleich ganz von ihren Leiden.

Im Rahmen dieser Extremlösungen gibt es auch die Versuche von engagierten Ärzten, Krankenschwestern, Sozialarbeitern und Nahestehenden, mit der Dosierung von Medikamenten und anderen körperlichen und emotionellen Therapien zu jonglieren, damit der Tod zu einem würdevolleren und bedeutenderen menschlichen Erlebnis wird. Und man darf nicht vergessen, daß solche Lösungen den Leuten in den meisten Fällen nicht aufgezwungen werden. Die Sterbenden und ihre Familien sind an den Entscheidungen beteiligt, welche Lösung gewählt wird, wenn Schmerzen und Leiden ihre furchtbaren Klauen ausstrecken. Meiner Ansicht nach muß man in diesem Entscheidungsprozeß nicht nur miteinbeziehen, welcher Natur der Schmerz genau ist, sondern auch, wie man die Bedeutung des Schmerzes für die Betroffenen einschätzt; und man muß fragen, auf welche emotionellen und spirituellen Reserven er oder sie zurückgreifen kann, um den Schmerz umzuwandeln und zu überschreiten.

Wenn wir für die Einschätzung solcher Reserven nicht mehr Zeit aufwenden, wenn wir nicht die Fähigkeit entwickeln, genug Raum für eine liebevolle Loslösung zu lassen, damit die tiefgründigen Offenbarungen, die die Sterbenden erwarten mögen, empfangen werden können – wieviele Möglichkeiten für Erfüllung oder Vervollkommnung gehen dann verloren? Aber, wie ich zu Anfang schon sagte, nichts geschieht jemals umsonst. Die orientalische Überlieferung lehrt, daß im Augenblick des Todes der körperliche Schmerz verschwindet, daß aber die geistigen und spirituellen Eindrücke des Lebens mit hinübergenommen werden. Dazu gehört auch, wie wir mit Schmerz und Leiden umgegangen sind. Das gesamte Bewußtsein, nunmehr körperlos, bildet die Umrisse dessen, was wir als nächstes erleben.

Wie auch immer wir dazu stehen, wir müssen dem Schmerz viel eingehender Beachtung schenken. Denn wenn wir dieses nicht tun, wird der Schmerz uns zwangsläufig stärker treffen.

3 Leben in Erleuchtung

Das Leben läßt dich dafür bezahlen,
wenn du nicht hundertprozentig dabei bist.
RINPOCHE TARTHANG TULKU

Bevor ich Ihnen eine weitere Geschichte erzähle ... Für die moderne Medizin ist das unerwünschte Symptom der Feind, den die Behandlung rücksichtslos verfolgt. Diese Herangehensweise ist beschränkt und manchmal töricht, da die Heilung von Symptomen oft Nebenwirkungen haben kann, die weit größeren Schaden anrichten als das besiegte Symptom. Dieses Risiko besteht, wenn wir nicht genauer untersuchen, woher das Symptom kommt und warum es da ist. Und selbst wenn wir genauer hinsehen, kann es sein, daß wir nicht die gesamte Tragweite eines bestimmten Symptoms für die Betroffenen erkennen.

Im östlichen Kulturkreis sind Psyche und Soma, Geist und Körper, keine getrennten Einheiten. Jedes körperliche Symptom hat immer auch einen psychologischen oder emotionellen Aspekt. Ebenso kann auch der mentale oder emotionale Zustand Vorbote oder Anzeichen für ein körperliches Symptom sein, das bisher noch nicht als solches erkannt wurde. Diese Art der Analyse kann eine große Hilfe bei der Bekämpfung der Symptome sein. Sie kann den Menschen helfen, sich auf eine tieferliegende Ebene zu begeben, auf der eine gründlichere und dauerhaftere Heilung erreicht werden kann. Sie versetzt den Menschen in die Lage, am Heilungsprozeß mitzuwirken. Von diesem Gesichtspunkt aus betrachtet, kann ein Symptom

Anstoß zur Veränderung geben; auf einer tieferliegenden Ebene kann es sogar als Lotse fungieren, der den Menschen in die Dimensionen seines Selbst führt. In diesem Fall geschieht die Heilung auf der Ebene des Geistes und, so das Fleisch nicht schwach ist, wird der Grundstein für eine wahrlich tiefe körperliche Metamorphose gelegt. Diese Herangehensweise gewinnt langsam immer größere Bedeutung für Gesundheit und Heilkunst. Zwar haben wir lange in der Illusion gelebt, es gäbe eine Wunderpille, die wie magische Pfeile ihr Ziel nie verfehlt – ein Weg für den Arzt, »alles wieder gut zu machen«. Aber dieses Märchen wird gerade auf ganz natürliche und organische Weise unter einem riesigen Haufen aus Bürokratie und Gesetzesparagraphen zersetzt. Mit der Zeit werden die Nutznießer des Gesundheitswesens nicht mehr umhin können, der Tatsache ins Auge zu schauen, daß sie schon immer wesentlich stärker für ihre Gesundheit oder mangelnde Gesundheit verantwortlich waren, sind und immer sein werden, als sie je dachten oder wahrhaben wollten.

Wenn es zu unheilbaren Krankheiten, Sterben und Tod kommt, liegt die Sache anders. Unter den gewaltigen körperlichen, emotionellen und spirituellen Veränderungen wechseln die Symptome rapide: Schmerz, Verwirrung, Verlust der Sinneswahrnehmungen und so weiter. Es ist in Wirklichkeit eine Zeit der Beflügelung. Unabhängig davon, was für Einsichten wir gewonnen haben, fügen sich die letzten Phasen des Lebens zu einem großen Ganzen zusammen. Es hat mehr oder weniger offensichtliche Vorteile, wenn man mit dem, was dort entsteht, bewußter umgeht und sich aktiv daran beteiligt. Wenn wir diese Zeit bewußter erleben, werden unsere Lebensgewohnheiten nicht mehr so viel Macht über uns besitzen und weniger Einfluß auf das nehmen, was folgt, wenn wir von diesem Leben scheiden. Wir dürfen nur nicht vergessen, daß man diese Bewußtheit nicht erzwingen kann. Es ist die Zeit unseres Lebens, in der alles Vorherige heranreift und Früchte trägt. Das ist allerdings nicht der Punkt, der jetzt hier behandelt werden soll.

Beim Sterben, als der wohl dramatischsten Erfahrung unseres Lebens, gibt es hinsichtlich des Wohlergehens der Sterbenden oder deren Behandlung mindestens drei verschiedene Maßstäbe. Zum einen gibt es da den Maßstab des Pflegepersonals, das vielleicht alle oder fast alle Symptome des Sterbenden bekämpfen möchte. Zum anderen gibt es den Maßstab der Familie und Nahestehenden, die ihre eigene Vorstellung haben, wieviel Schmerz sie selbst ertragen können und wieviel Veränderungen und Leiden sie der geliebten Person zumuten möchten. Und nicht zuletzt gibt es noch den Maßstab der sterbenden Person selbst. Einzig dieser sollte berücksichtigt werden, wie realitätsnah oder -fern er auch sein mag. Dabei ist es gleich, ob die Sterbenden selbst ihre Wünsche mitteilen oder ob ein Vertreter dafür Sorge trägt, daß ihre Wünsche und Bedürfnisse respektiert werden. So sollte es natürlich eigentlich immer im Leben sein, und wenn jemand stirbt, erst recht.

Und nun komme ich zu der Geschichte von Isaac, eines älteren Herren, der an Bauchspeicheldrüsenkrebs starb.

Bevor Isaac Boehm mir vom Hospiz als Patient zugeteilt wurde, kannte ich ihn nicht. Allerdings kannte ich seinen Sohn William und seine Schwiegertochter Carla seit ein paar Jahren. Wir waren nicht eng befreundet, aber spirituell waren wir uns in mancher Hinsicht nah. Ich hatte einmal eine konfessionsunabhängige Meditationsgruppe geleitet, an der die beiden teilgenommen hatten. Die Gruppe war zwei Jahre lang regelmäßig zusammengekommen, und unsere Erfahrungen und

Bindungen waren tiefgründig und bedeutsam. Aber später ging jeder seinen eigenen Weg. Ich hatte nichts mehr von William und Carla gehört, bis ich erfuhr, daß Williams Vater mir als Patient zugeteilt worden war.

Bei meinem ersten Besuch öffnete Carla mir die Tür; ich kam als Freund und auch in meiner beruflichen Funktion. Die gleiche Wärme, die wir früher füreinander empfunden hatten, bestand auch jetzt. Bald darauf kam William nach Hause, und es war, als wenn seit unserem letzten Treffen überhaupt keine Zeit verstrichen wäre. Williams Lebensanschauungen waren im Grunde spirituell, und ich würde daher sagen, daß die Umstände des Sterbens seines Vaters sich nur in Nuancen in seinem Auftreten zeigten. Als der sensible Mensch, der er war, vermittelte er mir nun den Eindruck einer noch gesteigerteren Ernsthaftigkeit. Es bedrückte ihn, seinen Vater sterben zu sehen. Es gab aber noch einen weiteren Grund für sein ernstes Verhalten, den ich erst während meiner Beratungsarbeit erfuhr.

Isaac hatte Bauchspeicheldrüsenkrebs, hatte dafür aber erstaunlich wenig Schmerzen. Es bereitete ihm lediglich Schwierigkeiten, vom Sitzen ins Stehen zu kommen, wie ich das von anderen Patienten mit Bauchspeicheldrüsenkrebs kannte. Das störte ihn zwar ein wenig, aber er akzeptierte es ebenso wie sein Alter und sein bevorstehendes Ableben. Es schien ihm nicht sonderlich viel auszumachen. Und dann war da noch die Tatsache, daß er gerade eine Woche zuvor von einem Tag auf den anderen erblindet war.

William wollte wissen, warum sein Vater erblindet war. Libby, die Krankenschwester aus dem Hospiz, die zu Beginn jener Woche schon bei Isaac gewesen war, hatte Williams Stimme angemerkt, wie wichtig es ihm war. Sie hatte daraufhin mit Isaacs Arzt gesprochen und mit ihm zusammen einen Plan für eine Behandlung aufgestellt. Sie wollten unter allen

Umständen eine Behandlungsmöglichkeit für Isaacs Blindheit finden. Libby hatte mir dies Anfang der Woche in unserer Teamsitzung mitgeteilt. An Williams und Carlas Gesichtsausdruck konnte ich ablesen, daß dies die Begleiterscheinung von Isaacs Ableben war, die sie am stärksten belastete.

Und dann war da Isaac. Als ich das erste Mal sein Haus betrat, war ich überwältigt, wie sanft dieser Mann wirkte. Er hatte als Kunsttischler auf dem Land in New Mexico gelebt. Sein Gesicht war vom Leben in der Wüste gegerbt und voller Falten, aber es wirkte sehr freundlich. Er war kein Mann der vielen Worte. Er war zugegen, als ich mir Williams und Carlas Sorgen anhörte, und antwortete selbst auf einige Fragen. Bei anderen Fragen verwies er mich auf William.

Ich hatte gesehen, wie sehr sich Libby wegen Isaacs Blindheit sorgte. Ich konnte sehen und hören, wie viel Kummer und Sorge der Gedanke William und Carla bereitete, daß Isaac für den Rest seiner Tage blind bleiben würde, wenn man jetzt nichts unternähme. Und als William und Carla mir ihre Befürchtung mitteilten, saß Isaac ruhig und friedlich daneben. Dafür, daß sich scheinbar alle geeinigt hatten, daß es dieses eine Symptom war, das bekämpft werden mußte, war Isaacs Haltung und Ausstrahlung doch ziemlich verblüffend. Ich wollte also herausfinden, was Isaac über unsere Unterhaltung dachte.

Als ich mich Isaac zuwandte, bemerkte ich, daß sein Blick für einen Blinden sehr gespannt wirkte, als ob er auf etwas starren würde, das wir anderen nicht sehen konnten. Was er sah, schien ihn nicht zu beunruhigen. Ja, »neugierig« ist vielleicht das passende Wort, mit dem sein Ausdruck am besten zu beschreiben wäre.

»Isaac, bedrückt es Sie, daß Sie blind sind?«

Er wandte sein Gesicht dem Klang meiner Stimme zu. Beinahe engelhaft sah sein Gesicht aus; seine Stimme war sanft aber bestimmt: »Nein, eigentlich nicht.«

Ich wagte mich weiter vor: »Was sehen Sie?«

»Gar nichts, eigentlich.«

Meine Frage war vielleicht nicht gut gestellt. Ich fragte genauer nach. »Isaac, sehen Sie ein Licht?«

»Ja.« Sein Blick wurde mit meinen Fragen immer gespannter.

»Das Licht, es hat unterschiedliche Farben. Sehen Sie ein ganz helles Licht?«

»Oh, ja.« Er wurde immer lebendiger.

»Isaac – «, ich hielt einen Moment inne, um mich dafür zu sammeln, was ich als nächstes sagen und wie er darauf reagieren würde, »das hellste Licht von allen, da müssen Sie hinschauen. Denn dort werden Sie Gott finden.«

Es ist so viel darüber geschrieben worden, »in das Licht zu gehen«, daß diese Wendung in jedem Glauben, den ich kenne, vertreten zu sein scheint. In der tibetischen Überlieferung ist diese Vorstellung jedoch einer genaueren Betrachtung unterzogen worden. Anders als wir uns »das Licht« vorstellen, behaupten die Tibeter, daß wir bei genauerem Hinsehen hellere Lichter und trübere Lichter von dunklerer Farbe erkennen können. Abgesehen davon, was wir als die Quelle dieser Lichter wahrnehmen oder uns vorstellen: worauf sie sich beziehen oder was sie in unserem Bewußtsein hervorrufen, bleibt immer das gleiche. Die dunklen und trüben Lichter werden mit Negativem assoziiert, mit eher gewohnheitsmäßigen Gefühlen, die uns nach unten ziehen; helle Lichter beleben unseren Geist, inspirieren uns, flößen uns positivere – wenn man so will auch spirituellere – Gedanken ein. Tatsächlich ist uns dieses Prinzip gar nicht so fremd. Wenn wir angeregt und gehobener Stimmung sind, erscheint uns die Welt viel heller. Wenn wir uns in einem schlechten Gemütszustand befinden und deprimiert sind, wirkt die Welt düster und bedrückend. Man kann solche Erfahrungen Gott und dem Teufel zuordnen, oder einem befreiten Geist gegenüber einem Geist, der gefangen in Leiden ist. Ganz gleich, wie man es betrachten will, wichtig ist dabei in jedem Fall – und beim Sterben ganz besonders –, auf das Positive und Erhebende zu schauen, sich mit den helleren Lichtern zu identifizieren.

Als Isaac meine Worte vernahm, wurde er still. Dann traten ihm die Tränen in die Augen. Diese Reaktion hatte ich nicht erwartet. Ich war nicht sicher, ob ich ihn vielleicht verärgert hatte, auch wenn sich in seinem tränennassen Gesicht keinerlei negative Gefühle mir gegenüber zeigten.

Weil er wußte, wie stark Isaacs Leben immer dem Geistlichen verschrieben gewesen war, beugte sich William nun über seinen Vater. Es war ganz deutlich, daß Vater und Sohn eine Weltsicht teilten, die William in Worte fassen konnte, sei es für sich selbst oder für seinen Vater. Mit einer Offenheit, die einer süßen, sanftmütigen Ehrerbietung für seinen Vater entsprang, sagte William: »Er fühlt sich unwürdig.«

Und als sein Sohn diese schlichte Wahrheit ausgesprochen hatte, begann Isaac offen zu weinen.

Hier saß ein Mann, der einfühlsame, religiöse Kinder großgezogen hatte. Er hatte das Leben eines Handwerkers gewählt und damit für alles gesorgt, was nötig war, um seine Familie gut zu ernähren, den Kindern eine gute Bildung zu ermöglichen und sie zu schützen. Er hatte für seine Frau gesorgt, bis zu dem Tag, da sie starb. Er hatte ein einfaches Leben in der Wüste gelebt und immer versucht, seinem Glauben treu zu bleiben.

Aber für gewöhnlich urteilen wir immer am härtesten über uns selbst. Für Isaacs aufrichtige Bescheidenheit war schon der Gedanke zu viel, daß er durch ein Licht gesegnet werden sollte, das so belebend, strahlend und voll Gnade war. Es erschien ihm ein zu großes Erlebnis.

So wurde es Williams, Carlas und meine Aufgabe, ihn davon zu überzeugen, daß er des Lichtes würdig war. Für Isaacs tägliches Wohlergehen war es nicht länger wichtig zu überlegen, wie man ihn von seiner Blindheit heilen könnte. William und Carla dachten nun anders und konzentrierten sich darauf, Isaac zu helfen, seinen Weg zu finden – damit er sich schließlich selbst akzeptieren und nach und nach mit dem Licht verschmelzen konnte, das ihn jeden Tag von neuem beglückte. Auch Libby war nach einigen weiteren Besuchen bei Isaac davon überzeugt, daß es nicht länger ihre Aufgabe war, die Behandlung der Blindheit weiter zu verfolgen. Familie und Hospizpersonal hatten nun das gemeinsame Ziel, Isaac durch die letzten Tage in seinem Leben zu begleiten – ein Leben, das nicht nur erleuchtet, sondern auch gut gelebt war.

Nur wenige Wochen später war Isaac ans Bett gebunden. Bauchspeicheldrüsenkrebs schreitet schnell voran. Libby mußte nun die Routinearbeiten für Bettlägerige besorgen. Isaac hatte etwas stärkere Schmerzen, aber es hatte nicht den Anschein, als wären sie ihm unerträglich.

Als ich Isaac das letzte Mal besuchte, war es mir, als würde ich an einem heiligen Zeremoniell teilnehmen, das in einem warmen Mutterleib voll Liebe stattfand. Ein Strahlen ging von ihm aus. Sein Blick war noch immer auf das für uns unsichtbare Etwas gerichtet. Die Augen gingen ihm über mit dem, was er sah. Er hatte schon immer leise gesprochen. Nun nahm er seine Umwelt kaum noch wahr, hatte seine Aufmerksamkeit eher nach innen gerichtet und war auch zu schwach zum Sprechen. Ich weiß nicht mehr genau, was ich an dem Tag zu ihm sagte, aber an seiner Miene las ich ab, daß er meine Anwesenheit akzeptierte. Ich verabschiedete mich ein letztes Mal von ihm und hielt mich nicht lange auf.

Wenige Tage später hörte ich von William und Carla, daß Isaac gestorben war, ruhig und erleuchtet.

»In das Licht gehen« – Was bedeutet das?

Es gibt immer mehr Menschen, die glauben, daß »das Licht« eine Erfahrung ist, die wir unabhängig von unserer religiösen oder spirituellen Ausrichtung machen. Dennoch sollten wir nicht den Fehler begehen, anzunehmen, daß diese Erfahrung allen, die sie machen, auch gleich willkommen ist.

Im geistlichen Kontext der westlichen Welt sind die Begriffe des Dunkels und des Lichts durchaus bekannt; in der Bibel beispielsweise steht geschrieben, wie Gott das Licht von der Finsternis schied. Als Geschöpfe dieser Erde wissen wir außerdem um die verschiedenen Abstufungen des Lichts vom Aufgang der Sonne bis zu ihrem Untergang. In der Literatur dienen diese Abstufungen des Lichts praktisch als Standardkulissen für die strahlendsten bis düstersten Momente. So haben wir ein angeborenes Gespür für die Bedeutung dieser Einteilungen, die sich auf unser Bewußtsein und unsere Erfahrungen stützen. Wenn wir unseren kulturellen Rahmen noch eingehender betrachten, stellen wir überdies fest, daß wir im Alltag und umgangssprachlich Farben mit Gemütszuständen identifizieren: wir sind »gelb vor Neid«, »rot vor Zorn«, »schweben auf einer rosa Wolke« und »sehen schwarz«. Solche Redewendungen haben für gewöhnlich mehr Bedeutung und sind nicht bloß kulturell verankerte Idiome. In den meisten Fällen sind es Hinweise auf eine tiefergehende Wahrnehmung. Daher ist es auch nicht verwunderlich, daß eine der größten spirituellen Traditionen der Welt – nämlich die tibetische – die Bedeutungen dieser Farben, des Lichts und der Finsternis, den Erfahrungen zuordnet, die der Mensch im Sterben, im Tod und nach dem Tod macht.

In der Geschichte von Isaac habe ich schon angemerkt, daß die Welt düsterer wirkt, wenn man sich in einem schlechten Gemütszustand befindet, und heller, wenn man der Welt gegenüber positiv eingestellt ist. Die tibetische Überlieferung sagt, daß vor unserem inneren Auge Farben in den verschiedensten Tönen auftauchen, wenn wir dem Tod nahe sind; insbesondere auch noch nach dem Eintreten unseres irdischen Todes. Die Farbtöne werden dadurch bestimmt, wie wir unser Leben gelebt und unsere Erfahrungen beurteilt haben; die Farben sind Ausdruck der unterschiedlichen Ebenen unseres Bewußtseins. Die Farbtöne reichen von ganz dunkel bis weiß, bis hin zu einem klaren Licht, das leuchtend, aber undefinierter Farbe ist – und sehr hell. Die dunklen Töne entstehen, wenn sich negative Gefühle in uns regen und schmerzhafte, möglicherweise angsteinflößende Erlebnisse in unser Bewußtsein treten. Die hellen Töne entstehen, wenn positive Gefühle in uns aufsteigen; und wenn wir uns in ihnen wiedererkennen können, bekommen wir die Möglichkeit, den Dualismus, mit dem wir uns normalerweise identifizieren, zu überschreiten.

Die Praxis des bewußten Sterbens sagt, daß es das beste ist, sich mit dem klaren Licht bekannt und vertraut zu machen – denn es steht für die höchstmögliche Stufe, die wir als menschliche Wesen in unserem Sterben erreichen können.

Das mag alles schön und gut klingen. Sehr wahrscheinlich würde auch jeder einzelne von uns gerne einmal jemandem den Rat geben können, in dieses Licht zu gehen. Aber nicht jeder Mensch ist dafür bereit. Je nach unseren persönlichen Erfahrungen und Neigungen ist uns vielleicht mit weniger intensiven oder gar dunklen Lichtern behaglicher zumute. Von diesen fühlen wir uns dann angezogen. Wir sind nicht alle glücklich und zufrieden. Einige von uns haben negative Gedanken, Einstellungen und Erinnerungen, die ihr Leben überschatten. Es mag sogar sein, daß die Helligkeit des hellen Lichtes einschüchternd wirkt. Aufgrund unserer Erfahrungen denken wir vielleicht, daß dieser evolutionäre oder revolutionäre Schritt unseres Bewußtseins nicht im Bereich unserer Möglichkeiten liegt.

Natürlich können wir einen Menschen ermutigen, der Faszination und Anziehungskraft der gedämpfteren Lichter zu entsagen; bei der Vorbereitung auf den Tod und beim Sterben gehört es häufig dazu, die Menschen von ihnen wegzuleiten. Wenn ein Mensch schon einmal ein meditatives Erlebnis gehabt oder ein tiefes und erfülltes geistliches Leben geführt hat, ist es einfacher, sich von den dunkleren Lichtern ab- und den helleren Lichtern mit ausgebreiteten Armen zuzuwenden; garantiert ist das nicht. Das Sterben und der Tod haben ihre eigenen Prüfungen für unser geistliches Bestreben. Es heißt, daß es im Moment des Todes, wenn sich der Mensch von den Fesseln seines Körpers befreit, leichter wird, sich mit den hellen und klaren Lichtern zu identifizieren. Aber selbst in diesem Moment kann es sein, daß die Gewohnheit siegt; dann wird unsere Erfahrung des Sterbens und des Folgenden dadurch getrübt. Die Tibeter glauben, daß das Bewußtsein fortbesteht, nachdem der Körper vergangen ist. Sie lesen ihren Toten aus dem *Tibetischen Totenbuch* vor, in der Hoffnung, daß diese den Rat, der ihnen ein glücklicheres nächstes Leben ermöglicht, hören und befolgen. Die Lesung dauert neunundvierzig Tage; so lange höchstens, glauben die Tibeter, hält sich ein Wesen im Zwischenstadium zwischen den Welten des gerade zurückgelassenen Lebens und des darauffolgenden auf.

Die Erfahrung des Lichtes ist allen Menschen gemein. Aber es kann vorkommen, daß einem Menschen der Bezugsrahmen fehlt, in den er diese Erfahrung einordnen kann, um sie zu verstehen. Es kann also sein, daß so ein Mensch auf die Frage nach dem Licht gar nichts antwortet, daß er die Bedeutung nicht erfaßt und das, was geschieht, übergeht. Im Extremfall kann das Licht sogar als eine äußerliche, verwirrende, vielleicht gar bedrohliche Erscheinung angesehen werden.

Ich hatte eine fast blinde Patientin, Joan. Eines Tages saß sie auf der Bettkante und beschwerte sich bitterlich bei ihrem Mann, daß er die Vorhänge offengelassen hatte. Es kostete mich große Überredungskunst – nachdem ich ihr abgedunkeltes Zimmer betreten hatte –, ihr klarzumachen, daß sie ein innerliches und kein äußerliches Licht sah. Sie war eine energische Frau, die ihr Leben selbst bestimmt hatte. Und nur sehr zögerlich glaubte sie mir, was ich ihr sagte. Ihr Mann berichtete später, wie sie beim Sterben röchelte und Blut spuckte und mit weit aufgerissenen Augen auf etwas starrte, als sähe sie etwas Schreckliches und Unverständliches. Als ich Joans Mann nach ihrem Tod betreute, versuchte ich ihm zu versichern, daß Joans Tod an sich nicht schmerzhaft war – denn das ist der Tod in keinem Fall. Man kann aber nicht abstreiten, daß ihr Ableben traumatisch war.

So kann es manchmal gehen, und darum ist die Vorbereitung auf den Tod in vielen Kulturen ein Teil des Lebens. Wir können Joans Tod aber nicht schrecklich nennen. Es war der vollendete Abschluß all dessen, was sie im Leben gelernt hatte. Es mag für die Anwesenden furchtbar und erschütternd gewesen sein, aber ich möchte die Leserin und den Leser daran erinnern, daß nichts je umsonst geschieht. Wer weiß, inwieweit uns solche Vorfälle an die Dinge heranführen, die uns bevorstehen; und wer weiß, was die Aufgaben in diesem nächsten Schritt sein werden.

4 »Das ist nicht mehr derselbe Mensch«

Denke immer daran:
Nichts geschieht umsonst – schon
gar nicht für sich selbst.
K. S. WANGCHUCK

Es ist eine der wahrscheinlich beunruhigendsten Begleiterscheinungen des Sterbens – für den Sterbenden selbst wie für die Menschen, die um ihn sind –, wenn der Sterbende sich Freunden und Verwandten gegenüber anders zu verhalten beginnt, als es alle von ihm gewohnt sind. Ich würde sagen, die Verzweiflung, die der Sterbende in dieser Situation verspürt, ist halb Frustration, halb Kummer: Frustration darüber, nicht verstanden zu werden und nicht fähig zu sein, seine Wünsche und Bedürfnisse direkt mitzuteilen; und Kummer über die Verzweiflung und den Schmerz, der sich in den Gesichtern der geliebten Menschen zeigt, weil sie den Sterbenden in diesem Zustand beim besten Willen nicht verstehen können und nicht wissen, wie sie sich verhalten sollen.

Es ist nicht damit getan, einfach zu sagen oder traurig festzustellen, daß die Sterbenden eben »nicht mehr ganz da« sind, wenn sie weggetreten sind oder im Koma liegen, wenn sie hellwach sind und wieder das Bewußtsein verlieren, wenn sie unter Beruhigungsmitteln stehen oder im Sterben liegen. Mit dieser Oberflächlichkeit verhinderte man jegliche Wertschätzung dieser Zustände, sowohl seitens der Sterbenden als auch der Menschen um sie herum. Denn diese Zustände sind aus alltäglicher Sicht zwar nicht gewöhnlich, können aber ganz neue Wege eröffnen, Erfahrungen zu machen, etwas zu lernen und Wahrheiten über die Welt und das Leben auszudrücken. Einige der treffendsten und überzeugendsten Aussagen, die ich je in meinem Leben gehört habe, waren die Worte von Sterbenden, von denen die Menschen um sie herum sagten, sie seien »nicht mehr sie selbst«.

Das tiefgründigste Erlebnis dieser Art hatte ich, als ich Jacob besuchte, einen älteren jüdischen Herren, der Prostatakrebs hatte und im Sterben lag. Schon bei meinem ersten Besuch war mir klar geworden, daß Jacobs Schmerzen außer Kontrolle waren. Es war ihm völlig unmöglich, geistesgegenwärtig zu bleiben und einer Unterhaltung zu folgen, solange ihm nicht Erleichterung von den Qualen verschafft wurde, die jede Sekunde von neuem über ihn kamen. Er bekam Morphium verschrieben, und seine Krankenschwester berichtete mir später, daß es ihm viel besser ginge.

Das war zumindest ihre Meinung. Jacobs Frau und sein Sohn waren anderer Meinung. Sie waren zwar froh, daß Jacob keine Schmerzen mehr hatte, aber sie waren überzeugt, daß er jetzt völlig unter Drogen stand und »nicht mehr ganz da war«. Da ich sie nicht trösten konnte, wollten sie, daß ich selbst sähe, wie »verrückt« Jacob geworden war. Der Sohn führte mich in Jacobs Schlafzimmer.

Da lag der Mann, den ich nur mit schmerzverzerrtem Gesicht kannte, friedlich im Bett und machte einen beinahe lustigen Eindruck. Er hatte in besseren Zeiten Tage damit zugebracht, den Talmud und die Thora, die heiligen Schriften der Juden, zu studieren. Viele Menschen aus seiner Gemeinde hielten ihn für einen ziemlich gelehrten Mann. Er war immer ernst und sachlich gewesen. Und da lag er nun, als ob er sich köstlich amüsierte, mit staunenden Augen umherblickend.

Als ich an die rechte Seite von Jacobs Bett herantrat und

seine Hand nahm, stand sein Sohn stocksteif auf der anderen Seite. Ich fragte Jacob, wie es ihm ging. Ohne auch nur eine Sekunde zu zögern, sah er mich an, lächelte und sagte in freudigem Staunen: »Ich existiere nicht!«

Wir lächelten einander an; er preßte meine Hand. Sein Sohn aber trat näher und legte seine Hand Jacob auf die Schulter: »Doch, du existierst. Du bist mein Vater.«

Jacob lächelte seinen Sohn an: »Ja, ich bin dein Vater.«

»Sie können beides. Nicht wahr, Jacob?« fügte ich hinzu.

Sein Lächeln wurde nun breiter und strahlender. »Genau!« rief er.

Da war ein Mann von großem Intellekt, der nun in die Welt des Mystischen eintrat, an deren Peripherie er sich bislang bewegt hatte. Das Menschliche und das Übermenschliche, das Weltliche und das Geistliche fügten sich schließlich zusammen. Aus der Sicht des Mystikers befand er sich in Ekstase. Für seinen Sohn war er aber nicht mehr der, den er gekannt hatte. Im Moment zumindest konnte er von seinem Standpunkt aus die offenkundige Widersinnigkeit von Jacobs Worten nur dem Morphium zuschreiben.

Diesen Punkt sollten wir uns merken. Es läßt sich jedoch nicht abstreiten, daß Medikamente eine ganze Reihe von Symptomen nach sich ziehen, körperliche wie psychische, die reine Nebenwirkungen sind und nichts mit der betreffenden Person selbst zu tun haben. Seitens des Hospizpersonals heißt es, daß die Medizin richtig dosiert ist, wenn die Schmerzsensoren des Körpers beruhigt werden und das restliche Bewußtsein sich auf die Drogen einstellt und dann wieder klar wird. Wenn jemand ungewöhnliche oder merkwürdige Verhaltensweisen zeigt, läßt sich daraus schließen, daß eine höhere oder niedrigere Dosierung der Medikamente vonnöten ist.

Diese Ansichtsweise betrachtet die Vorgänge allerdings nur vom Standpunkt der modernen Biochemieforschung aus. Es ist natürlich richtig, daß eine veränderte Bewußtseinsstufe als Nebenwirkung (oder gar erwünschte Wirkung) angesehen werden kann, wenn sie durch eine Substanz mit psychoaktiven Eigenschaften hervorgerufen wird. Sie entsteht bei der Reaktion von besagter Substanz mit der menschlichen Biochemie. Die Bedeutung solcher Erfahrungen und ihre tiefgreifenden Auswirkungen auf die Sicht der Realität des Sterbenden einfach zu übergehen oder herunterzuspielen, wäre jedoch eine zu starke Vereinfachung der Vorgänge. Es wäre ein Versuch, unsere vernunftmäßige Sicht der Welt aufrechtzuerhalten und über andere mögliche Sichtweisen zu stellen. Wenn eine Wahrnehmung durch Drogen hervorgerufen wird, kann sie ja schließlich »nur eine Halluzination« sein.

Vor Jahren erschien Andrew Weils Buch *Das erweiterte Bewußtsein*. Darin erörtert er, wie wichtig veränderte Bewußtseinszustände für Wachstums- und Reifeprozeß sind. In vielen Indianerstämmen, schreibt er, werden Psychopharmaka bei Initiationsriten eingesetzt. Erfahrene ältere Indianer benutzen Halluzinogene, Substanzen mit bekannten psychoaktiven Nebenwirkungen, um dem Neuling dabei zu helfen, von einer Daseinsstufe in die nächste zu wechseln: von der Kindheit ins Erwachsenendasein, vom Schüler zum Lehrer. In all diesen Kulturen besteht der Zweck der Halluzinogene darin, den Initianden aus seiner gewohnten Sichtweise der Welt zu rütteln, ihm zu ermöglichen, die Eindrücke frei ins Bewußtsein dringen zu lassen – ohne die Filter, durch die man normalerweise sieht. Das erwünschte Ergebnis dieses überwachten Ereignisses ist eine erweiterte Sicht der Welt, das Entdecken von neuen und effektiveren Handlungsmustern. Halluzinogene außerhalb des Ritenkontextes zu benutzen wird als gefährlich und töricht angesehen.* Wer mit den Arbeiten Carlos Castanedas vertraut ist, wird wissen, daß der gleiche Aspekt in seinem Buch *Reise nach Ixtlan* immer wieder aufgegriffen wird. Don Juan, der Medizinmann der Yaqui-Indianer, gibt Castaneda Halluzinogene, um die Weltsicht zu verändern, in der Castaneda völlig gefangen ist. Dann läßt Don Juan ihn Kunststücke und Wunder vollbringen, die dieser zunächst der Macht der Drogen zuschreibt, tatsächlich aber ohne deren Hilfe vollführt. Castaneda erkennt, daß die Macht in Wahrheit in unserem Körper und Geist schlummert und nur von starren Ansichten und Konventionen befreit werden muß.**

Was ich hiermit sagen will, ist folgendes: Viele Menschen, denen Morphium, Morphiumderivate oder andere bewußtseinsverändernde Substanzen aus unserem westlichen Schmerzmittelarsenal verabreicht werden, machen möglicherweise einen Bewußtseinswechsel durch, der sie mit bislang ungekannten Dimensionen ihres Daseins in Berührung bringt. Dieser Bewußtseinswechsel ist nicht das beabsichtigte Ziel, wie es das bei so vielen Menschen der Gegenkultur war oder ist. Gleichwohl findet dieser Bewußtseinswechsel statt. Wie wir dieses Vorkommnis betrachten, bestimmt in vielerlei Hinsicht, ob die Erfahrungen mit diesen Medikamenten in einem positiven oder negativen Licht wahrgenommen werden. Es ist daher wichtig, zwischen einer Drogenreaktion ohne besonderen Wert und einem zuträglichen veränderten Zustand des Bewußtseins zu unterscheiden. Die Schwierigkeit liegt darin, daß beides oft zusammen eintritt. Es mag von Wert sein, die besonders unangenehmen physischen oder psychischen Reaktio-

* Andrew Weil, *Das erweiterte Bewußtsein – Therapie in eigener Sache*. Stuttgart: Deutsche Verlags-Anstalt,1974: 80–82.
** Carlos Castaneda, *Reise nach Ixtlan – die Lehre des Don Juan*. Frankfurt a. M.: Fischer Taschenbuch Verlag, 1976: 7ff.

nen zu verringern; für die bewußtseinsverändernden Wahrnehmungen, die der Betreffende erfährt, muß das nicht so sein. Es ist hier besonders wichtig herauszufinden, *welche Bedeutung die Erfahrungen für den Sterbenden selbst haben.* Auch wenn seine Erfahrungen ihm anfängliches Unbehagen bereiten, kann dieses Unbehagen über eine plötzlich veränderte Sicht der Dinge weitgehend verschwinden, wenn der Vorfall als etwas ganz Normales betrachtet wird. Das ungute Gefühl wird hingegen sicher gesteigert, wenn man die Betroffenen behandelt, als seien sie gar nicht anwesend, und wenn man in der dritten Person über sie spricht. (»Soundso ist verrückt, wir sollten besser etwas tun.« Oder: »Achte gar nicht darauf, was sie sagt.«) In den allermeisten Fällen sind diese Menschen in Wahrheit sehr alert und geistesgegenwärtiger, als sie es je waren. Wenn wir nicht anerkennen, welchen Wert die Erlebnisse der Sterbenden besitzen, nehmen wir billigend in Kauf, daß sie das Vertrauen in ihren Verstand verlieren – und zwar zu einer Zeit, da sich ihre gesamte Wahrnehmung der Welt rapide verändert, ob sie nun unter dem Einfluß von Medikamenten stehen oder nicht.

An dieser Stelle möchte ich noch einen Blick auf andere Faktoren werfen, die dazu beitragen, daß Menschen »nicht mehr sie selbst sind«, wenn sie sterben.

Stellen Sie sich vor, Sie liegen ständig im Bett. Sie können sich nicht selbst waschen und Sie müssen von einem Verwandten oder Nahestehenden gebadet werden. Welche Rolle auch immer diese Person zuvor in Ihrem Leben hatte, sie wird nun durch die Rolle des Pflegers oder Beistandleistenden ersetzt. Vielleicht werden Sie auch von Fremden versorgt. Vielleicht sind Sie ein sehr schamhafter Mensch, aber nun werden Sie von einer jungen Frau oder einem jungen Mann gewaschen und angezogen. Ihre einzige Kleidung, tagein, tagaus, sind Schlafanzüge. Jeden Tag starren Sie an die gleiche Decke und auf die gleichen Wände. Das Zimmer hat ein Fenster, durch das Sie es hell und dann wieder dunkel werden sehen – Tag für Tag, Monat für Monat, vielleicht Jahr für Jahr. Sie sind zu schwach, um irgendetwas von dem zu tun, was Sie früher immer getan haben – Arbeit, Vergnügen, Freizeit, frühere Verpflichtungen. Der Raum, den Sie ausfüllen, wird immer kleiner, und Anreize durch die Außenwelt sind gnadenlos vorhersehbar. Ihre Zeit wird nicht mehr wie früher durch wichtige Termine eingeteilt, sondern von Essenszeiten, den Zeiten zum Baden und von gelegentlichen Besuchen. Es existiert keine einzige Konstante aus Ihrem früheren Leben mehr, an der Sie festmachen konnten, wer Sie sind.

Dazu kommt noch der psychophysische Schwund der Kräfte, wenn man im Sterben liegt. Während Sie immer schwächer werden, schwindet zusammen mit dem Vermögen, sich frei zu bewegen, auch das Vermögen, nach eigenem Willen zu handeln. Die Körperorgane arbeiten immer schlechter oder funktionieren nicht mehr, die Sinneswahrnehmungen – Fühlen, Schmecken, Riechen, Hören und Sehen – verändern sich. Was als angenehm oder unangenehm empfunden wird, verändert sich, weshalb auch befriedigende und unbefriedigende Gefühle sich anders einstellen als gewohnt. All Ihre Reaktionen auf Reize und die Sicht Ihrer selbst in Relation zu allem, was Sie erleben, ändern sich ständig. Eigentlich ist das ganz normaler Alltag: Nichts bleibt, wie es ist. Aber wenn man sich der Endstation des körperlichen Daseins nähert, treten diese Veränderungen stärker hervor. Ihre Prioritäten und was Ihnen gefällt und was nicht, dienen nicht länger als Bezugspunkte, an denen Sie Ihr Leben ausrichten können. Anders ausgedrückt: Sie sind für die Welt um sich herum nicht mehr der, der Sie einmal waren, und Sie haben auch selbst das Gefühl, nicht mehr der zu sein, der Sie sind. Stellen Sie sich weiter vor: immer stärker werdende Schmerzen und Medikamente, an die Ihr Körper nicht gewohnt ist, dann ist es sehr wahrscheinlich, daß Sie zu einem »Fremden in einer fremden Welt« werden.

Das ist ein schreckliches Bild, das ich hier zeichne. Aber ich möchte den Leser an eine der Kernvoraussetzungen aus der Einleitung erinnern: daß nämlich die Menschen in diesen Momenten auf ihrem Höhepunkt sind. Angesichts dieser unzähligen radikalen Veränderungen tritt eine Authentizität des Daseins zu Tage, ob sie willkommen ist oder nicht. Die Menschen um die Sterbenden herum müssen das gebührend respektieren und achten. Sie müssen aufpassen, sich nicht von Frustration und Trauer lähmen zu lassen. Denn dann würden sie die Vergangenheit nicht überwinden und nicht impulsiv und unmittelbar in der Gegenwart leben können. Sie liefen Gefahr, sich immer weiter von dem Sterbenden zu entfernen.

Wenn alles, was Sie über die Welt wissen, sich vor Ihren Augen verändern würde, wenn die innerlichen und äußerlichen Bezugspunkte, die Sie gewohnt sind und an denen Sie festhalten, verschwinden würden, was würden Sie sagen? Wie würden Sie sich verhalten? In meinen Gesprächen mit Sterbenden und ihren Familien führe ich hierzu immer das folgende Beispiel an:

Stellen Sie sich vor, Sie seien ein Baby, das gerade anfängt zu sprechen. Sie haben das Wort *Tür* gehört und und Sie können es auch sprechen.

Eines Tages zeigen Sie auf die Tür und sagen »Tür« zu den Leuten um sich herum. Vielleicht wollen Sie, daß die Tür aufgemacht wird, vielleicht wollen Sie, daß sie geschlossen wird. Vielleicht wollen Sie auch einfach nur anmerken, daß sie fest, blau, braun, aus Glas oder geöffnet ist. Vielleicht wollen Sie nach draußen gehen. Vielleicht sind Sie auch einfach nur aufgeregt, weil Sie wissen, was es ist. Aber Sie können nicht genug sprechen, um den anderen mitzuteilen, was Sie nun mit der Tür möchten.

Die Leute um Sie herum fragen: »Was möchtest du?« Und alles, was Sie sagen können, ist »Tür«. Auf beiden Seiten baut sich Frustration auf, bis Sie endlich jemand versteht. Das ist ein Durchbruch. Sie lernen eine neue Verfeinerung, wie Sie erreichen können, was Sie wollen, und derjenige, der Ihren Code geknackt hat, versteht etwas besser, wie Sie Ihre Welt wahrnehmen.

Das gleiche Bild bietet sich den Sterbenden. So wie die Welt sich für die Sterbenden verändert, verändern sich auch ihre Sprache und die Konzepte, mit denen sie sich und ihre Wünsche mitteilen. Wie man »normalerweise« existiert und kommuniziert, funktioniert nicht mehr. Also werden neue Prioritäten im Leben gesetzt und neue Schlüsse über die Wirklichkeit gezogen. Nehmen Sie einmal an, Sie sprechen mit einem Freund, der im Sterben liegt. Sie erwarten, daß er etwas Bestimmtes sagen wird (denn das tun wir alle: gewohnte Antworten von Menschen erwarten, denen wir nahestehen). Aber mitten im Gespräch macht er eine ungewohnte Bemerkung oder redet unzusammenhängende Dinge. Wechselt Ihr Freund einfach das Thema? Ist er gelangweilt? Versteht er Sie nicht? Kann er sich nicht mehr konzentrieren und Ihnen zuhören? Oder gelangt er zu einer neuen Sicht der Wirklichkeit, die er in einen gewohnten Kontext noch nicht einordnen kann?

Die letzte Erklärung schien mir sehr häufig die schlüssigste, – häufiger, als man meinen möchte. Wenn so viele Gewohnheiten abgestreift sind, werden in einer Allerweltskonversation plötzlich ganz neue Schlüsse über das, was ist und was nicht ist, möglich. Die Aussagen, die wie unzusammenhängendes Zeug oder wie Satzfetzen wirken, unterscheiden sich meiner Ansicht nach nicht von den faszinierenden Wortreihungen von Kindern, die versuchen, die größeren Zusammenhänge ihrer Welt zu begreifen. Auf Kinder blicken wir lächelnd hinab und sagen: »Wie niedlich.« Über alte Leute oder Sterbende schütteln wir den Kopf und sagen: »Wie traurig.« In beiden Fällen vermindern wir die Bedeutung dessen, was gesagt wird, und entmachten den Sprecher. Man sollte sich aber bewußt sein, daß wir, die wir noch unser »normales« routiniertes Leben leben, von unserer eigenen Auffassung der Welt ja auch ganz berauscht und in ihr gefangen sind. Wenn wir mit jemandem sprechen, den wir lieben, tut es uns weh, wenn es einen Bruch in Form und Inhalt der Kommunikation gibt. Es tut weh, weil wir uns nicht mehr miteinander unterhalten können, wie wir es immer gewohnt waren. Wir erfahren dann die ersten Anzeichen der Trauer über den Verlust, der uns bevorsteht. Auf einer tieferen Ebene erfahren wir den Schmerz, von unserem eigenen Leben losgelöst zu sein.

MARY

Ich erinnere mich an Mary, die fast regungslos in ihrem Bett in einem Pflegeheim lag. Während ich darauf wartete, daß Marys Helferin sie in ihrem Bett umdrehte, hörte ich einer Unterhaltung zwischen ihnen zu. Daraus ging hervor, für wie hilflos und zerstreut die Helferin Mary hielt. Sie sprach mit dieser Frau, die wahrscheinlich doppelt so alt war wie sie, wie mit einer Dreijährigen. Sie machte mir gegenüber in Marys Gegenwart sogar die Bemerkung, daß es traurig sei, zu sehen, wie verwirrt Mary war, und daß sie »nicht mehr da« war. Als ich ihr zuhörte, sagte ich mir immer wieder, daß diese Helferin wahrscheinlich so viel Schmerz und Frustration bei den Menschen erlebt, die sie täglich saubermacht und wäscht, daß sie diesen Abwehrmechanismus brauchte, indem sie die Menschen, denen sie half, für bemitleidenswert hielt, damit sie ihre Worte und Gefühle nicht ernst nehmen mußte. Andererseits sah ich auch, wie verärgert und entsetzt Mary darüber war, so behandelt zu werden.

Als die Helferin das Zimmer verlassen hatte, sprach ich Mary gegenüber das an, was ich in ihren Augen gesehen hatte. Sie gab keine Antwort. Da sie wohl selbst unfähig war zu sagen, was sie wirklich dachte, erklärte ich ihr meine »Tür«-Analogie. Daraufhin seufzte sie tief und sah mir offen in die Augen.

»Wie haben Sie das herausgefunden?«

Ich lächelte sie nur an.

Von Marys Freunden und Verwandten waren zwar noch einige am Leben, sie wohnten aber nicht in der Nähe. Sie hatte also tagein, tagaus dagelegen und gedacht, sie würde den Verstand verlieren. So wurde sie ja schließlich auch behandelt. In unserer kurzen Unterhaltung konnte Mary sich mir öffnen und von ihrem Leben und ihren Begabungen erzählen. Manchmal war sie ganz klar, und manchmal brauchte sie Hilfe, um ihre Gedanken formulieren und mitteilen zu können, was ihre Welt sie heute lehrte.

Es ist nicht ungewöhnlich, daß ein Sterbender verletzende Dinge sagt. Der übliche Rat ist, es einfach zu übergehen; schließlich sei ja der Sterbende »nicht wirklich er selbst«. Aber solche Ratschläge dienen auch als Balsam, als Stoßdämpfer, als eine Entschuldigung, daß man nicht tiefer und genauer hinhört, was da eigentlich gesagt wird. Man stelle sich vor, wie viel

Frustration sich aufschichtet, wenn man nicht mehr die Kontrolle über sein eigenes Leben und das Geschehen um einen herum hat. Was Sterbende sagen, mag reine Projektion sein. Aber es ist nur natürlich, daß sie langsam ihre Beherrschung verlieren und die dunkle Seite ihres Charakters ans Licht kommt. In gewisser Weise erscheint das Hervortreten der dunklen Seite als letzter Versuch, die Kontrolle über das sterbende Leben zurückzugewinnen. Man muß sich zumindest dieser Schattenseite bewußt sein, damit man sich in dieser Situation zurechtfinden und tiefen Frieden finden kann. Auch Nahestehende sagen den Sterbenden verletzende Dinge. Ich glaube aber, daß diese ruppigen Worte von Freunden oder geliebten Menschen bestimmt Ausdruck ihrer eigenen Frustration und Hilflosigkeit sind, nichts tun zu können, während sie den Tod miterleben. Sehr wahrscheinlich entstehen Ärger und Frustration aufgrund der Situation und der bedeutenden Wahrheiten, die zum Vorschein treten, wenn wir eine nie zuvor gekannte Verletzlichkeit in uns erfahren. Wenn wir ehrlich sind, kann doch keiner von uns behaupten, noch nie Wut und Enttäuschung gegenüber einem geliebten Menschen verspürt zu haben. Und zweifelsohne hat es auch Momente gegeben, in denen wir uns dumm und unsensibel gefühlt haben.

Wir alle haben Gefühle, die miteinander im Konflikt stehen. Wir wursteln uns durchs Leben, zuweilen mit bestimmten Absichten, aber meistens irgendwie blind. Der Mensch ist ein verworrenes System von Widersprüchen, ein einziges Paradoxon. Genauso wie wir akzeptieren, was wir an uns mögen, müssen wir auch die Schattenseiten unseres Selbst respektieren und uns zu dieser Kraft in unserem Leben bekennen.

Wenn wir etwas Unangenehmes hören, müssen wir das, was wir zunächst nur als verletzend empfinden, genau auf seinen Wahrheitsgehalt hin überprüfen. Wir dürfen nicht vergessen, daß ein wahrer Freund alles an uns kennt. Im »normalen« Leben haben wir unausgesprochene Übereinkommen getroffen, uns nicht gegenseitig zu entlarven. Wir wenden den Blick diskret von den dunklen Seiten ab. Aber der Tod ist nicht diskret. Es ist die Zeit für ein Lebensresümee und schonungslose Offenheit. Da wir eine Verbindung mit Kräften eingehen, die oft als göttlich bezeichnet werden, ist es zugleich auch für jeden von uns eine Zeit, in der wir größere Nachsicht über unser menschliches Wesen üben müssen. Ja, gerade weil wir menschliche Wesen sind, haben wir Anlaß, die göttliche Eigenschaft der Vergebung über uns selbst und andere zu üben. Was uns in diesen Momenten klar wird und wie wir daran wachsen, mag eine der größten Lehren des Lebens sein. Daß die Art und Weise, wie wir diese Lehren erfahren, für uns unangenehm ist, stellt ihren spirituellen Gehalt keineswegs in Abrede, das ist auch kein Widerspruch. Das gehört in Wahrheit dazu, wenn das Leben vollkommen und heilig wird.

Man möge immer daran denken, daß Veränderungen des Bewußtseins und des Mitteilungsvermögens bei jedem anders und in unterschiedlichem Maße auftreten. Jeder wird solche Veränderungen in gewissem Maße durchmachen. Einige Menschen verirren sich hoffnungslos im Labyrinth des Todes, andere hat das Leben mit einer starken körperlichen Verfassung, mit einem starken Glauben oder einer meditativen Erfahrung beschenkt, so daß sie diese Wasser mit Leichtigkeit befahren können. Das mag als ein Segen erscheinen. Aber wir dürfen deshalb nicht glauben, daß Menschen, die so etwas nicht können, verdammt seien. Wenn wir das tun, fällen wir ein Urteil und vereiteln damit tiefergehende Kommunikation und die Verwandlung aller Beteiligten.

Wenn den Sterbenden die Worte fehlen, um deutlich zu machen, was sie erfahren, brauchen oder haben möchten, kommt es manchmal vor, daß sie anfangen, als Metapher für die Vollendung des Lebens gewohnte Tätigkeiten nachzuspielen.

Ich möchte jetzt mit dem Leser, der Leserin ein paar Ereignisse aus dem Leben einiger vorbildlicher Menschen teilen, die alle Reserven nutzten, die sie hatten, um die Energien ihres Sterbens zu begreifen und umzuwandeln. Mit wenigen Ausnahmen, die es mich trotzdem mitzuteilen drängt, sind alle Menschen, von denen diese kurzen Geschichten berichten, einige Stunden oder Tage nach den beschriebenen Ereignissen gestorben.

MAX

Max wurde mir zugeteilt, als sich seine Herzkrankheit schon in den letzten Stadien befand. Ich habe nie ein Wort mit ihm gesprochen, da ich nur ein einziges Mal zu ihm nach Hause kam und meine Gespräche nur mit seiner Frau Ina und seiner Tochter Ginger führte.

Ginger war zwei Wochen zuvor aus Houston gekommen. Sie war damit beschäftigt, die Finanzen ihrer Eltern in Ordnung zu bringen und ihrer Mutter zu erklären, was Max sonst immer geregelt hatte. Außerdem sollte Ina mal etwas Schlaf nachholen, Erschöpfung und Sorge standen ihr ins Gesicht geschrieben. Die letzten paar Tage waren für beide besonders aufreibend gewesen. Ich fragte, warum. Max bildete sich seit zwei Tagen ein, daß er in seiner Maschinenwerkstatt bei der Arbeit sei. Er saß in seinem Bett und machte Handbewegungen, als hielte er verschiedenes Werkzeug und baute einen Motor oder etwas Ähnliches. Er sagte Ina und Ginger nicht, was es war. Hin und wieder fragte er Ina nach einem bestimmten Werkzeug, das auf der imaginären Werkbank vor ihm lag.

Ina wußte nicht, was sie tun sollte, und machte die Pantomime mit. Sie tat so, als ob sie das Werkzeug holte und es Max gebe. Manchmal schüttelte Max den Kopf und sagte: »Nicht das.« Dann ging Ina zur anderen Seite der Bettdecke, um das »richtige« Werkzeug zu holen.

Max arbeitete jede wache Minute an seinem Werk, was es auch sein mochte. Ina und Ginger versuchten, Max in die Realität zurückzuholen – in ihre Realität –, aber vergebens. Schließlich sahen sie ein, wie wichtig diese Beschäftigung für Max war, und gaben nach.

Etwa eine Stunde vor meinem Besuch hatte Max sein Werk vollbracht und saß zufrieden lächelnd im Bett. Er hatte seine Frau gebeten, ihm zu helfen, alles von der »Werkbank« wegzuräumen. Sie erfüllte ihm seinen Wunsch und tat so, als würde sie aufräumen. Er dankte ihr zärtlich, legte sich zurück und schlief ein.

So war Max, und so wollte er bleiben. Es erschien nur natürlich, was Max getan hatte, wenn man es im Zusammenhang mit seinem Leben betrachtete. Er war kein Mann der großen Worte gewesen. Er hatte immer für seine Arbeit gelebt und war stolz auf sie gewesen. In seinen letzten Stunden bediente er sich nun seines Handwerks als Mittel, mit seinem Leben abzuschließen, es zu akzeptieren und seinen Frieden damit zu machen.

Es gab auch sichtbare körperliche Anzeichen dafür, daß Max nun das Sterben aktiv begonnen hatte. Aber was mir zeigte, daß sein Tod kurz bevorstand, war, daß er diese Metapher für sein Leben zum Abschluß gebracht hatte.

Das war wohl auch Ina in diesem Moment deutlicher bewußt als Ginger, und sie fand sich besser damit ab. Ginger wollte noch an diesem Nachmittag nach Houston zurückkehren, um nach ihrem Mann zu sehen und sich um ihre Angelegenheiten zu kümmern. Sie nahm es hin, daß ihr Vater sterben könnte, während sie weg war. Als ich nachfragte, gestand sie jedoch, das Gefühl zu haben, daß es ihrem Vater schwerer fallen würde loszulassen, wenn sie da bliebe. Was wohl eigentlich heißen sollte: für sie würde es schwer sein, ihn gehen zu sehen, wenn sie bliebe.

Nur Stunden, nachdem sie wieder in Houston war, rief ich sie an, um ihr zu sagen, daß ihr Vater gestorben war.

LIONEL

Lionel, ein akkurater Gentleman, war krebskrank und wurde wegen seiner zunehmenden körperlichen Schwäche stationär im Hospiz aufgenommen. Seine Nichte Betty stand ihm sehr nahe. Sie verbrachte viele Stunden bei ihm, während er tags schlief und nur ab und an aus seinem Schlummer auftauchte, um etwas zu sich zu nehmen, etwas Zuwendung zu bekommen oder ein paar Worte zu wechseln.

Lionel hatte immer sehr viel Wert auf Anstandsformen gelegt; er war Mitglied einer Gesellschaft, deren Konferenzen nach einer sehr strengen Sitzungsordnung abgehalten wurden.

Eines Nachmittags öffnete Lionel die Augen und sah zur Tür. Betty, die in einer Ecke des Raumes saß, berichtete später einem engen Freund von mir, was sich dann ereignete.

Scheinbar sah Lionel Menschen, die weder seine Nichte noch sonst irgendjemand sehen konnte.

»Was wünschen Sie?« fragte Lionel die imaginären Besucher. Sie müssen ihm geantwortet haben, denn Lionel sprach daraufhin Betty und seine Gäste an.

»Wir sind hier zusammengekommen, um zu entscheiden, ob ich gehen oder bleiben soll. Wofür stimmen Sie?«

Betty sah zu, wie Lionel, den Kopf seinen unsichtbaren Bekannten zugewandt, die Stimme jedes einzelnen entgegennahm. Dann drehte er sich zu Betty um und fragte: »Wofür stimmen Sie?«

Betty begriff, daß ihr Onkel den Vorsitz einer Konferenz hatte. Sie wußte, daß sie entsprechend den Regeln antworten mußte. Sie sah ihm direkt in die Augen, lächelte und sagte: »Ich schließe mich der Mehrheit an.«

Lionel gab lächelnd seine Zustimmung und verkündete: »Damit wäre es beschlossen.« Er schloß seine Augen ein letztes Mal und verschied am frühen Abend.

EDNA

Edna war eigentlich die Patientin eines anderen Sozialarbeiters, aber ich kannte ihre Tochter Lilly beruflich. Sie leitete mit anderen eines der örtlichen Pflegeheime. Ich traf gelegentlich mit ihr zusammen, wenn ich einer Familie half, von der ein Angehöriger an das Hospiz überwiesen worden war. Lilly und ich hatten auf beruflicher Ebene eine gute Freundschaft entwickelt, und sie schätzte meine Arbeit für die Patienten im Pflegeheim. Es lag wahrscheinlich an diesem Vertrauen in mich, daß sie es eines nachmittags zuließ, aus ihrer beruflichen Rolle zu schlüpfen.

Lillys Mutter Edna lag mit chronisch-obstruktiver Lungenerkrankung im Sterben. Von allen Krankheiten, die mir je untergekommen sind, ist diese für mich die furchtbarste. Sie tritt bei Menschen auf, die viele Jahre geraucht oder in einem verrauchten oder luftverschmutzten und lungenschädlichen Umfeld gelebt haben. Der Atem der Betroffenen wird mit der Zeit immer schwerer, bis schließlich ständig eine Sauerstoffmaske getragen werden muß. Das Leben ist mir unvorstellbar, wenn man aus eigener Kraft nicht genug Luft bekommt, wenn man um jeden Atemzug kämpfen muß. Solche Patienten haben das Gefühl, hilflos zu sein und die Kontrolle über die eigene Atmung verloren zu haben, die sie von Moment zu Moment am Leben hält. Ich habe beobachtet, daß sie dafür um so mehr versuchen, alles und jeden sonst in ihrem Leben zu beherrschen. Man könnte zwar vieles an ihre Ernährung und Lebensführung ändern, um ihnen das Überleben zu erleichtern, aber diese Menschen haben meistens Angst davor oder lehnen solche Änderungen ab. Die Krankheit ist ein einziges Auf und Ab für die Betroffenen: Mal scheint es, daß sie buchstäblich auf dem letzten Loch pfeifen, dann erholen sie sich wieder. Das kann Jahre so gehen. Die Folge ist, daß die meisten Menschen in diesem Zustand diejenigen, die ihnen nahestehen, an den Rand der Verzweiflung treiben und ihnen jeglichen guten Willen und Wunsch zu helfen gründlich verleiden.

An diesen Punkt war Lilly gerade gelangt. Sie war die ewigen Fahrten zur Notaufnahme und, seit Ednas Arzt sie an unser Hospiz überwiesen hatte, das ständige Hin und Her zwischen ambulanter und stationärer Behandlung im Hospiz leid. Irgendetwas änderte sich nun an diesem Kreislauf, und Lilly wußte nicht, was es zu bedeuten hatte. War dies das Ende oder einfach eine neue Phase, deren Ende völlig ungewiß war?

Lillys Hauptanliegen war aber etwas anderes. Worüber sie mit mir sprechen wollte, war ein wiederkehrender Traum, den ihre Mutter in den letzten Wochen hatte: Mitten in der Nacht kamen wunderschöne Frauen Edna besuchen. Sie brachten viele schöne Kleider, Röcke, Blusen und andere Bekleidung mit. Edna fand diese Kleider prächtig, aber sie wußte nicht, was sie ihren Besucherinnen sagen sollte. Warum brachten sie ihr diese Kleider? Edna schien durch diesen Traum nicht beunruhigt – nur verwundert. Sie fragte Lilly, was es wohl bedeutete, und was sie tun sollte.

Ich habe in meiner beruflichen Laufbahn nie viel Zeit damit verbracht, Träume zu untersuchen oder zu versuchen, sie zu deuten. In meinem privaten Leben habe ich allerdings die Erfahrung gemacht, daß einige Träume es wert sind, beachtet zu werden. Lilly, die einen starken Glauben hatte, war davon überzeugt, daß die wunderschönen Frauen Engel waren. Ob sie wollten, daß ihre Mutter zu ihnen kam? Vielleicht. Aber ich wollte das Rätsel von einer anderen Warte aus angehen.

»Wie wichtig sind deiner Mutter schöne Kleider?« fragte ich.

»Sie liebt Kleider. Das ist immer eine ihrer großen Leidenschaften gewesen.«

»Warum fragst du sie nicht, ob sie die Kleider vielleicht anprobieren möchte?«

Lilly blickte mich nachdenklich an. »Daran habe ich nie gedacht. Glaubst du, sie traut sich nicht zu fragen?«

»Vielleicht ist sie nie auf die Idee gekommen zu fragen«, erwiderte ich.

Lilly dankte mir und beschloß, ihrer Mutter diese Idee zu unterbreiten, wenn der Traum wieder käme.

Das geschah ein paar Nächte später. Als Edna von ihrem Traum erzählte, machte Lilly ihren Vorschlag. Edna war begeistert und wollte die wunderschönen Frauen beim nächsten Mal danach fragen. Sie kamen wieder.

Binnen einer Woche war Edna wieder auf unserer Station, sie hatte einen neuerlichen Anfall. Lillys Vorschlag hatte dem wiederkehrenden Traum ein Ende gesetzt, und ihrem Bericht nach begegnete Edna ihrem Zustand nun mit mehr Ruhe.

Eines Abends muß Edna gemerkt haben, daß sie bald sterben würde. Sie wollte, daß Lilly die Nacht über bei ihr blieb.

Aber Lilly hatte schon so viele ähnliche Situationen mit ihr durchgemacht, daß sie erst im nachhinein am Verhalten und Betragen ihrer Mutter erkannte, daß es diesmal wirklich das letzte Mal war.

Später machte sich Lilly dafür Vorwürfe, daß sie nicht bei Edna gewesen war, als sie friedlich – aber allein – auf der Station des Hospizes starb. Und genauso wie Edna ihren Frieden gefunden hatte und ihren Tod aufgrund ihrer Träume positiver annehmen konnte, so geschah es auch Lilly. In den darauffolgenden Wochen erschien die Mutter der Tochter auf mysteriöseste Weise: in Träumen und merkwürdigen Vorfällen, die nach Lillys Interpretation die Handschrift ihrer Mutter trugen. Ich hatte keinen Grund, daran zu zweifeln, als ich Lillys Geschichten hörte.

Phantasie und Selbsttäuschung sind schlechte Imitationen von Glauben und Vertrauen in einer Welt, die vom Geist nicht getrennt ist.

LINA

Lina war Oberhaupt einer Familie lateinamerikanischer Abstammung. Sie war Mitte Neunzig als sie an »Altersschwäche« starb, wie man das im allgemeinen so abfällig sagt. Eine solche Diagnose spricht meiner Ansicht nach für die Arroganz der modernen Medizin. Können wir nicht einfach akzeptieren, daß wir sterben und daß einige Menschen bei voller Gesundheit in einem reifen, hohen Alter sterben? Vielleicht würden die Krankenversicherungen den Pflegediensten ihre Kosten für die Pflege dieser Menschen nicht erstatten, wenn es keinen allgemein anerkannten pathologischen Namen dafür gäbe. Wie dem auch sei …

Wie viele ältere Menschen lateinamerikanischer Abstammung in New Mexico verstand Lina zwar Englisch, zog es aber vor, auf Spanisch zu antworten. Während all meiner Besuche in den drei Monaten, bevor sie starb, sprach ich vielleicht zwei- oder dreimal mit ihr. Ihre Tochter Maria übersetzte dann für gewöhnlich. Im großen und ganzen ging es Lina gut. Sie hatte keine Schmerzen. Sie hatte aber nicht mehr die Kraft, aus dem Bett zu kommen. Ihre Töchter und eine große Verwandtschaft aus Schwestern, Brüdern, Enkeln und Großenkeln sorgten dafür, daß sie immer sauber war, gefüttert wurde, bequem lag und unterhalten wurde. Sie hatte anderen so viel gegeben, daß es keinem eine Last war, ihr diese Großzügigkeit auf diese Weise zu danken.

Die meiste Zeit meiner Besuche verwandte ich darauf, mir die Probleme von Maria und ihren Brüdern und Schwestern anzuhören. Maria war das zukünftige Familienoberhaupt. Manchmal erzählte sie mir Geschichten aus Linas Leben und von ihrer Aufopferung für ihren Glauben und ihre Familie. Selbst jetzt noch erkundigte sich Lina immer nach ihren Enkeln. Obwohl sie ärztlichem Befund nach blind und fast taub war, schien Lina alles zu wissen, was in ihrer Familie und im Haushalt vor sich ging.

Ich frage mich, ob solche über- oder außersinnlichen Wahrnehmungen Fähigkeiten sind, die ältere Menschen entwickeln, wenn ihre anderen Sinne zu schwinden beginnen. Die Großmutter meiner Frau Melanie hatte ganz ähnliche Fähigkeiten. Melanies Mutter versuchte immer, »Nana« nicht aufzuregen. Sehr selten nur erzählte sie Nana, was in der Familie passierte – aber irgendwie wußte Nana immer Bescheid. Ich frage mich, wie viele solcher Nanas und Linas unter uns leben, deren außergewöhnliche Fähigkeiten und Wahrnehmungen in unserer Gesellschaft durch die allgemeine Mißachtung alter Leute unbeachtet bleiben. Verlieren wir die Achtung für die Alten und Weisen in unserer Mitte?

Ungefähr drei Wochen bevor sie starb, wollte Lina jedenfalls nicht mehr über Familienanekdoten und Possen mit ihrer Tochter sprechen. Sie teilte ihrer Tochter mit, daß es viel zu tun gäbe, um das Festessen vorzubereiten. Enchiladas mußten zubereitet und Tortillas ausgerollt werden. Tag und Nacht war Lina geschäftig dabei, mit ihren Händen Tortillas aus Luft zu formen und imaginäre Töpfe voll Saucen zu kochen. Sie hatte ihre Arbeiten schon immer sehr zielstrebig erledigt. Maria und die restliche Familie konnten nicht ein Wort über andere Angelegenheiten einwerfen oder die Realität von Linas Festessen anfechten.

Am Wochenende waren Linas Vorbereitungen abgeschlossen. Es ist ungewiß, für wen das Festessen gegeben wurde, aber ich bin sicher, es war ein voller Erfolg.

DORA

Dora war in einem Planwagen nach New Mexico gekommen. Bei meinen ersten Besuchen hatte ich einen großen Fehler begangen, denn ich glaubte, es sei gut und wichtig für die Menschen, über ihre Vergangenheit zu reden und einen Lebensrückblick zu machen. Lehrbücher mögen das für den Allgemeinfall auch behaupten, aber im speziellen Fall von Dora war es falsch. Heute vertrete ich die Ansicht, daß das Ende des Lebens an sich ein Lebensrückblick ist. Das heißt aber nicht, daß die Sterbenden sich mit ihrer Vergangenheit auseinandersetzen möchten oder darüber reden wollen, was sie an diesen Punkt ihres Lebens gebracht hat.

Das einzige Mal, als ich mit Dora über ihre persönliche Vergangenheit sprach, machte ich eine Bemerkung darüber, wie aufregend es gewesen sein muß, auf dem Planwagen zu reisen.

Dora sah mich aus den Augenwinkeln an und brummte: »Das war verdammt harte Arbeit. Das war überhaupt nicht lustig.«

Von da an redeten wir nur noch über aktuelle Dinge, über mein Leben oder darüber, wie frustriert sie war, nicht mehr nähen zu können. Mit achtundachtzig, einer Gelenkentzündung und Herz-Kreislauf-Schwäche hatte sie nicht mehr genug Gefühl in den Fingern, um das zu tun, womit sie sich so gerne beschäftigte.

Dora war eine Frau mit ausgeprägtem Sinn für Anstand. Es gab Tage, an denen ich zehn Minuten wartete, während die Helferin, die gerade da war, den Sitz von Doras Kleidern überprüfte und sie in ihren Stuhl in der Ecke des Raumes setzte. Dora lag nicht gern im Bett, wenn ich sie besuchte.

Bei einem meiner letzten Besuche bei ihr betrat ich den Raum und setzte mich wie immer auf einen Stuhl. Sie war recht beredt an diesem Tag. Ihre Augen hatte sie auf etwas nahe der Tür gerichtet; gut konnte sie nicht mehr sehen.

»Sehen Sie das?« fragte sie mich.

»Was?«

»Die kleine Maus auf meiner Frisierkommode.«

Ich blickte zur Frisierkommode neben der Tür. Ich sah nichts.

»Es tut mir leid, Dora, ich kann die Maus nicht sehen. Aber das kann an mir liegen. Stört sie Sie?«

»Nein, nein«, antwortete sie hastig.

Eigentlich betrachtete Dora die kleine Maus *liebend gern*. Im großen und ganzen hatte Dora die Nase voll davon, so debil zu sein. Sie wollte das Leben hinter sich bringen, aber sie wollte ganz sicher nicht über das Sterben reden. In dieser einsamen Zeit ihres Lebens war ihr die Maus ein kleiner Gefährte. Sie versüßte ihr die Tage und Nächte.

Ich habe schon andere Sterbende begleitet, die von Tieren, die nur sie sehen konnten, besucht wurden, von Hunden, Vögeln und vielen anderen. Es hatte immer den Anschein, daß ihre Anwesenheit tröstlich und beruhigend auf die Menschen wirkte, die sie besuchten, und daß sie ihnen Frieden gaben. Man fragt sich, ob sie vielleicht so etwas wie die Tiere an den Totempfählen sind, von denen in den Überlieferungen der Indianer die Rede ist.

Doras Helferin, ihr Sohn und ihre Schwiegertochter hielten mich über die Unternehmungen von Dora und ihrer Maus auf dem laufenden. Dora war zu schwach, um noch das Bett zu verlassen; und es gehörte sich ganz einfach nicht für eine Frau, die im Bett lag, einen männlichen Besucher zu empfangen. In der letzten Woche ihres Lebens kam ich noch einmal in ihr Zimmer, um der Pflegerin zu helfen, Dora umzudrehen. Sie sagte nichts zu mir. Ich weiß nicht, ob sie zu dem Zeitpunkt überhaupt mit jemandem sprach. Ihr Bett stand genau gegenüber dem Frisiertisch, und ich frage mich, ob die kleine Maus bis zum Ende bei ihr blieb.

GEORGE

Ein Mensch liegt im Koma

George war einer der ersten Patienten, die mir vom Hospiz zugeteilt wurden. Die Familien haben das Recht, die Dienste, die wir ihnen anbieten, teilweise oder auch ganz abzulehnen. George sah einen Sinn in den Besuchen einer Krankenschwester, aber er wollte keinen Sozialarbeiter. Seine Familie pflichtete ihm bei. Also tat ich, was ich in solchen Fällen tue: Ich rief gelegentlich an, um zu hören, wie es ihnen allen ging. »Danke, gut«, lautete immer ihre höfliche, aber kurzangebundene Antwort.

George hatte Leberkrebs. Sein Tod kam aber nur sehr langsam. Er war ein leidenschaftlicher Wanderer gewesen, und seine Ernährungsweise und Lebensgewohnheiten waren eher gemäßigt. Er war bei seiner Arbeit petrochemischen und anderen gesundheitsschädlichen Dünsten ausgesetzt gewesen, was sich jetzt vermutlich rächte.

Ich hätte George wahrscheinlich nie getroffen, hätte nicht eine seiner Töchter mich angerufen. Mit der Gesundheit ihres Vaters ging es rapide bergab, und er sollte stationär ins Hospiz kommen. Grace wollte, daß ich bei den nötigen Vorkehrungen half. Sie wollte aber auch, daß ihre Mutter, Georges Frau, mit mir zusammenkam.

Im Gegensatz zu all der Ablehnung, die mir bis dahin begegnet war, wenn ich meinen Besuch angeboten hatte, war der Empfang von George, seiner Frau Millie und der Familie offen und warmherzig. Sie waren eine Militärfamilie. Sie konnten alles allein erledigen und warteten bis zum letzten Moment, bevor sie um Hilfe baten. Aber wenn die Hilfe dann kam, nahmen sie sie dankend an.

Meine ersten Besuche bei George und Millie machte ich auf unserer Hospizstation. Gegen die Übelkeit und den Durchfall war George machtlos. Die Angestellten waren sehr bemüht, ihm die richtige Dosierung von Medikamenten zu verabreichen, um es ihm erträglich zu machen. Trotz all seiner Beschwerden schien sich George über meine Besuche zu freuen. Ich war nie beim Militär gewesen, aber George hatte eine Art, über sein Leben und seine Erfahrungen zu reden, die es einem sehr leicht machte, ihm zuzuhören und mit ihm zu plaudern. In gewisser Hinsicht glaube ich, daß er sich einfach freute, mit einem Mann reden zu können, der ihm emotionell nicht so nah stand wie seine Söhne oder seine Freunde. Anderen den Schmerz und die Trauer anzusehen, können die Sterbenden oft am schwersten ertragen. Wahrscheinlich auch deshalb ist das Freiwilligenprogramm in Hospizen landesweit so erfolgreich.

Es dauerte etwa zehn Tage, bis Georges Symptome unter Kontrolle waren. Dann kehrte er nach Hause zurück. Ich durfte ihn nun besuchen, wann immer ich wollte.

Nicht lang jedoch, und Georges Gesundheitszustand kollabierte wieder. In den letzten Stadien einer unheilbaren Krankheit ändern sich Verfassung und Wohlergehen von Tag zu Tag; wie in einem Strudel geht es hinab. Die Medizin, die das letzte Mal noch gewirkt hat, ist das nächste Mal zu stark oder zu schwach. Ich habe Hochachtung vor den Krankenschwestern, die geduldig und fachkundig versuchen, schwerkranken Patienten Erleichterung zu verschaffen.

Ein paar Anrufe, und George kam wieder stationär ins Hospiz. Zwei Tage später hieß es, er liege im Koma. Als ich ihn besuchen kam, saß Millie an seinem Bett. Sie schien ängstlich und verloren, und wiederholte den ärztlichen Befund: »Er reagiert nicht, er liegt im Koma.«

Ich möchte wirklich gerne wissen, was ein Koma eigentlich ist. Gibt es außer den scheinbar nicht vorhandenen Reaktionen auf äußere Reize noch medizinische Parameter an Gehirn- und Organfunktionen, die anzeigen, daß der Patient sich im Koma befindet? Oder ist *Koma* lediglich ein Sammelbegriff dafür, daß ein Patient in den unterschiedlichen Gesundheitszuständen nicht reagiert?

Wenn ein Patient keine Reaktionen zeigt, heißt das dann, daß er absolut *nichts* von dem Geschehen um ihn herum mitbekommt? Die Meinungen über diese Frage gehen auseinander. Einige Ärzte ermutigen die Familien und Freunde von Komapatienten, mit dem Kranken zu reden, andere wiederum vermitteln ein solches Gefühl von Ohnmacht, daß die Familie und Freunde den Patienten behandeln, als wäre er gar nicht da. Es gibt sicher verschiedene Grade, wie tief jemand in diesem Stadium liegt, das man Koma nennt. Wie ließen sich sonst die Berichte von Menschen erklären, die aus dem Koma aufwachen und anderen erzählen, was sie mitbekommen haben. Oder die Aussagen von Freunden und Familien, die miterleben, wie ihren geliebten Menschen im Koma Tränen in die Augen treten, wenn sie zu ihnen sprechen?

Im Bereich der Ungewißheiten habe ich mich dafür entschieden, immer anzunehmen, daß der Komapatient auf irgendeiner Ebene mitbekommt, was um ihn herum vor sich geht, und daher sollte man auch mit ihm sprechen und ihn berühren.

Ich trat zu George ans Bett, legte meine Hand auf die seine und drückte sie.

Zu unser aller Überraschung schlug George die Augen auf und begann zu reden: »Ich muß mich anders hinlegen.« Es sah aus, als fühlte er sich dadurch, daß er so lange stumm gewesen war, noch viel steifer und unbequemer als vorher.

Wir hatten aber nicht die Zeit, lange über diese erstaunliche Wendung der Dinge nachzudenken. George brauchte Hilfe, und wir machten uns daran, die Kissen aufzuschütteln, sein Bett hochzukurbeln und George so aufzurichten, wie es ihm am bequemsten war.

Es dauerte fast eine Viertelstunde, bis wir George so hingesetzt hatten, wie er es wollte: aufrecht, den Rücken an ein Kissen gelehnt, den Kopf gestützt und Laken und Decke nur bis zur Hüfte hoch.

Kaum hatten wir George genau so aufgerichtet, wie er sitzen wollte, kam sein Sohn ins Zimmer. Er war direkt vom Flughafen zum Krankenhaus gefahren.

Es schien, als hätte George auf das Eintreffen seines Sohnes gewartet. Mir ist schon häufig der Gedanke gekommen, daß der Zeitpunkt des Todes von wesentlich mehr Mitspielern bestimmt wird, als nur von demjenigen, um den es geht. Während sich im Unterbewußtsein der Sterbenden – ob sie wollen oder nicht – das Todesdrama abspielt, nähern einige sich und andere entfernen sich, als ob sie von unsichtbaren Kräften angezogen oder abgestoßen werden, von Kräften, die bestimmen, welche Lektion jeder Beteiligte zu lernen hat.

Bei George habe ich gelernt, welch aktive Rolle die Menschen spielen, die im Koma liegen, wieviel Einfluß sie darauf nehmen, was sich offenbart, wenn der Tod sich nähert. Die Ankunft von Georges Sohn war der Vorbote dafür, daß George jetzt aktiv zu sterben begann. Nicht einmal die Hospizangestellten dachten, daß Georges Tod so kurz bevorstand. Er starb in der Nacht, wenige Stunden nachdem er die letzten Augenblicke mit seinem Sohn verbracht hatte.

Diejenigen, die in solchen Momenten von den Sterbenden angezogen werden, erkennen daran, wieviel sie den Sterbenden bedeuten oder zumindest wie wichtig ihr Erscheinen auf dieser besonderen Bühne ist. Das mindert aber nicht die Bedeutung der anderen, die den Sterbenden in ihrem Leben genauso nahe oder gar näher standen, die aber nicht zugegen sind, die aus irgendeinem Grund den Drang verspüren, nach draußen zu gehen, um etwas zu trinken, oder vom Sterbenden auf einen Botengang geschickt werden, nur um hinterher festzustellen, daß der geliebte Mensch in der Zwischenzeit gestorben ist. Es gibt sicher unendlich viele Gründe, die erklären können, warum das so sein muß – Tatsache ist jedenfalls, daß es so ist. Es für gut oder schlecht zu erklären, wertet die Lektionen, die angeboten werden, ab.

Ich möchte dies besonders auch denen sagen, die bei einem geliebten Menschen sein wollen, wenn er im Sterben liegt. Mit diesen möchte ich gern die Geschichte von Michael Stein teilen.

5 Die richtige Zeit: ein glücklicher Zufall

An einem Montag, noch ehe ich mein Zimmer betreten konnte, stürmten die Schwestern Val, Sue, und Judy alle mit der gleichen Botschaft auf mich ein: »Du mußt unbedingt Michael Stein aufsuchen.«

Michael Steins Name stand am Schwarzen Brett im Hospiz. »Michael Stein« war in aller Munde, öfter als unsere sonstigen Patienten. Wer war dieser Michael Stein und warum war es so dringend, daß ich ihn besuchte? Stand sein Tod kurz bevor? Gab es eine gräßliche Szene mit Familienangehörigen, in die eingegriffen werden mußte? Wenn es kein Notfall ist, wird in der Regel vom Sozialarbeiter erwartet, daß er den Patienten und oder seine Familie innerhalb von drei Tagen aufsucht, nachdem die Aufnahmeschwester ihre Beurteilung abgegeben hat und der behandelnde Arzt seine Zustimmung dazu gegeben hat, daß sich das Hospiz bei einer Verschlechterung der Verfassung des Patienten einschaltet. Sicher war es klug, mit Michael jetzt einen Termin abzumachen, aber ich fragte mich immer wieder: Warum die Eile?

Ich wollte gerade den Hörer aufnehmen, um Michael anzurufen, als Lisa, unsere Versicherungsbearbeiterin, an meinen Platz kam. Health West, Michael Steins Krankenkasse, würde die Kosten für eine Beurteilung oder sonst irgendeine Routinearbeit eines Sozialarbeiters nicht übernehmen, solange

Michael noch im Krankenhaus lag. Wie lange Michael noch im Krankenhaus sein würde, konnte mir keiner sagen. Vielleicht konnte Michael es mir sagen. Ich überlegte noch einmal, was ich sagen wollte, nahm erneut den Hörer ab und rief Michael an.

Michael hatte eine etwas keuchende Stimme und klang ein wenig angestrengt, aber dennoch sanft. Ich wußte, daß er jung war, etwas älter als ich, und daß er Leukämie im letzten Stadium hatte. Er ging locker mit seiner Situation um, beurteilte sie aber sehr exakt.

Ich fragte Michael, wann er wieder nach Hause könnte. Er sagte: »Gar nicht. Das ist für mich gelaufen.«

»Naja«, fuhr ich fort, »dann haben wir da ein kleines Problem. Wie es scheint, wollen alle, daß ich Sie besuche, nur Ihre Versicherung nicht. Ihr Sachbearbeiter hat dem Hospiz mitgeteilt, daß ich Sie nicht besuchen kann, ehe Sie entlassen sind.«

Etwas amüsiert bemerkte er nur: »Ich kümmere mich darum.«

Zwanzig Minuten später stand Lisa wieder vor meinem Schreibtisch. »Angie von Health West hat dir ihr O.K. für einen Besuch bei Michael gegeben«, sagte sie.

Schnelle Arbeit, dachte ich. Ich rief Michael sofort an, um den Aufwand zu würdigen, den er betrieben hatte, damit das Treffen zustande kommen konnte. Wir machten einen Termin für elf Uhr am gleichen Tag aus.

Michael lag in der onkologischen Abteilung des Westside-Krankenhauses, wo er in den letzten Jahren als Krankenpfleger gearbeitet hatte. Als ich die Schwestern, Pfleger und Ärzte aus der Abteilung traf, wurde mir klar, daß sie Michael liebten und alles taten, damit Michael die Hilfe bekam, die er brauchte.

Sie zeigten mir Michaels Zimmer, ich klopfte an und trat ein. Michael sprach mit einer Frau, die, wie ich später erfuhr, seine Lebensgefährtin Gina war. Nachdem Michael uns kurz vorgestellt hatte, wollten die beiden offensichtlich ihr Gespräch beenden. Ich setzte mich also ans Fenster und bereitete all die Fragen und Angaben vor, die ich für die Beurteilungen im Rahmen meiner Beratungsarbeit normalerweise durchgehe.

Michael saß aufrecht im Bett. Mit seinem nackten Oberkörper, glatzköpfig infolge der Chemotherapie und aufgedunsen wegen der Steroide, erinnerte er mich an Hotei, den lachenden Buddha. Neben seinem Bett standen Gestelle, von denen Ampullen mit Medikamenten und Pumpen hingen. Aus ihnen kam die Kombination von Medikamenten, die Michael als die für ihn geeignete hielt. Denn wie ich sehr schnell merkte, geschah mit Michael nichts, wozu er nicht seine Zustimmung gegeben hatte.

Als Gina und Michael sich zum Abschied küßten, hielt er ihre Hand noch einen Moment fest und sah mich an. Er wollte sichergehen, daß Gina und ich Blickkontakt hatten. »Bald werden wir alle drei miteinander reden«, bemerkte er wissend.

Abgesehen von einer Krankenschwester, die gelegentlich die Pumpen überprüfen kam, waren wir zwei allein. Michael lehnte sich bequem zurück, sah mich aus seinen großen, gütigen Augen an und gestattete mir, meine Routinefragen abzuhaken. Es schien alles völlig unerheblich, aber Formulare und Versicherungskram sind nun einmal Formulare und Versicherungskram. Sie sind das Labyrinth und die entscheidenden Boten, die zu den kleinen Geldgöttern führen, die die Schatztruhen des Gesundheitswesens bewachen. Es schien Michael nichts auszumachen.

Nachdem die Formulare ausgefüllt und die verschiedenen

Dienstleistungen besprochen waren, konnte ich mich nun Michael widmen. »Also, was soll ich für Sie tun?«

Ohne zu zögern, sagte er: »Das meiste, von dem Sie mir erzählt haben, brauche ich eigentlich gar nicht. Gina und ich haben ein Buch gelesen, *Das Tibetische Buch vom Leben und vom Sterben*. Der Typ schreibt darin über etwas, das *Phowa* genannt wird – tibetisches bewußtes Sterben. Kennen Sie irgendjemand, der mir helfen kann, das zu machen?«

Phowa (ausgesprochen Pho-ba) ist eine Meditationsübung des tibetischen Buddhismus. Sie wird meist in Zurückgezogenheit gelernt, aber auch die Laien in der Bevölkerung werden in ihr unterrichtet. Dabei wird unter anderem gelehrt, die gesamte Aufmerksamkeit auf eine bestimmte Vorstellung zu konzentrieren und dann Geräusche so einzusetzen, daß Energie durch den Körper bis zum Kopf geleitet wird. Am Scheitelpunkt wird die Energie dann von dem, der die Übung anwendet, in das – wie es in der tibetischen Überlieferung heißt – reine Paradies des Buddha Amithaba geschleudert. Die gleiche meditative Grundübung und das Leiten der Energie kann auch von Nicht-Buddhisten gemacht werden. Wohin diese dann ihren Geist befehlen möchten, mag das Herz Gottes, Jesus, der Himmel oder der angenehmste Ort ihrer Vorstellung sein. Die Theorie dieser Übung meint folgendes: Wenn wir in unserem Leben immer wieder meditieren, um unsere Energie auf diese Weise durch den Körper an dasjenige Ziel zu leiten, das wir bei unserem Tod zu erreichen wünschen, stellen wir eine reflexartige Reaktion in uns her. Dieser Reflex kommt dann zur Wirkung, wenn der Tod uns überrascht oder wenn Geist und Körper zu schwach oder zu bewußt sind, um die Gedanken in dieser Weise zu leiten.

Wie es schien, war ich wahrscheinlich der einzige in der Stadt, der diese Übung kannte. Ich bin darin von einem buddhistischen Lama unterrichtet worden und habe den Segen, *Phowa* für mich selbst und andere anzuwenden.

Ich lächelte. »Ich kann es«, sagte ich.

In Michaels Augen konnte ich lesen, daß ihm solche glücklichen Zufälle nicht fremd waren – diese kurzen Momente, in denen die Gunst des Schicksals einen erkennen läßt, daß man sich zur richtigen Zeit am richtigen Ort befindet; daß es Gründe gibt – jenseits der Kontrolle, die man in seinem Leben zu haben glaubt –, die einen auf mysteriöse Weise hierher führen. Hätten die Umstände unseres Treffens in irgendeiner Weise anders sein können?

»Derjenige, der mich gelehrt hat, wie man es macht, kommt in drei Wochen zu Besuch. Möchten Sie ihn kennenlernen?«

Michaels Augen leuchteten auf, und unter seinem Schnurrbart zeigte sich ein jungenhaftes, verspieltes Lächeln. Er hatte schon über Freunde von Lama Ole gehört, dem dänischen buddhistischen Meister, seit Jahren ein enger Freund von mir. Dann erfuhr ich, wieviele gemeinsame Verbindungen Michael und ich in der Gemeinde hatten. Es war, als hätten wir in verschiedenen Umlaufbahnen gelebt und auf unseren Kreisen eine Unmenge gemeinsamer Freunde. Wie schon gesagt, es war nur eine Frage der richtigen Zeit und des richtigen Timings.

»Ich möchte, daß Sie wiederkommen, wenn Gina da ist. Überhaupt, es wäre schön, wenn Sie mindestens einmal die Woche kommen könnten.«

Wenn die betroffene Familie nicht besonders viel Hilfe benötigt oder wenn der Tod des Patienten augenscheinlich kurz bevorsteht, möchten die Krankenversicherungen normalerweise die Häufigkeit der Besuche eines Sozialarbeiters auf zweimal im Monat beschränken. Da Health West nur diesen einen Besuch genehmigt hatte, wußte ich nicht, was ich antworten sollte. Vorsichtig sagte ich: »Gerne, wenn Ihre Versicherung es genehmigt.«

Wieder das wissende Lächeln. Er nahm meine Hand und sagte: »Keine Sorge. Darum kümmere ich mich schon.«

Nach der Mittagspause kehrte ich in mein Zimmer zurück. Wieder kam Lisa an meinen Schreibtisch. »Ich habe gerade einen Anruf von Angie von Health West bekommen. Du hast die Genehmigung, Michael Stein so oft und so lange zu besuchen, wie er es möchte.« Sie sah mich dabei etwas ungläubig an. Health West war nicht gerade bekannt dafür, besonders großzügig zu sein. Ich lächelte nur. Und dabei war Michael erst vor ein paar Stunden in mein Leben getreten.

In unseren Sitzungen, während seines Sterbens und seines Todes und später bei seiner Beerdigung erfuhr ich immer mehr über Michael und das Vermächtnis, das er uns allen hinterließ.

»Immer alles geben« war Michaels Motto, wie sein engster Freund Loic in seinem Nachruf sagte. Michael hatte sich in jede Phase seines Lebens mit immer dem gleichen Eifer gestürzt. Einige Jahre lang war er begeisterter Anhänger der Kundalini Yoga gewesen und lebte in einem Aschram. Als es dort Zeit war zu gehen, ging er. Danach lernte er den Beruf des Krankenpflegers und galt bald als einer der besten Pfleger der Intensivstation, bevor er beschloß, in die onkologische Abteilung zu wechseln. Er verfolgte leidenschaftlich jede Entwicklung im westlichen oder östlichen Kulturkreis, an der er glaubte wachsen zu können, um intensiver mit der Reichhaltigkeit des Spirituellen verbunden zu sein.

Als er sich für Mountainbiking zu interessieren begann, informierte er sich ein halbes Jahr lang über die unterschiedlichsten Mountainbikes, ehe er sich eins kaufte. Der Ladenbesitzer war von Michaels Wissen über Mountainbikes so beeindruckt, daß er ihm einen Job anbot. Michael stellte die gleichen Nachforschungen über Motorräder an und wollte nur das allerbeste. Nachdem er das Motorrad seiner Träume gekauft hatte, wandte er sich an den Verkäufer und fragte: »Und wie fährt man dieses Ding jetzt?«

Michaels Leben war leidenschaftlich – besonders in bezug auf Frauen. Dabei konnte man nicht sagen, daß er gutaussehend, charmant oder besonders männlich war. Aber er strahlte eine Kraft und eine angenehme Frische aus, die Frauen und ihre Zärtlichkeit magnetisch anzog. Bei seinem Begräbnis waren einige der anwesenden Frauen sicher ehemalige Geliebte von ihm. Das schien Gina nicht zu stören. Ihre Hingabe und Liebe für Michael trug ihr das besondere Mitgefühl von all den Frauen seiner Vergangenheit ein.

Aber Michael waren seine Freunde genauso wichtig wie seine Freundinnen, und er liebte sie ebenso wie sie ihn. Für viele war er Bruder, Freund, Lehrer und treibende Kraft. Er führte alle an ihre Grenzen und darüber hinaus. Männer wie Frauen achteten und verehrten ihn dafür, daß er Teil ihres Lebens war. So kam es, daß ich bei Michael eine sehr interessante Gruppe von Menschen kennenlernte. Sie alle wollten Michael so sterben sehen, wie er es gewählt hatte.

Bei meinen ersten Besuchen konzentrierte ich mich darauf, Michael und Gina die Grundprinzipien des *Phowa* näherzubringen. Wir beschlossen, meinem Freund Lama Ole die Übertragung der vollständigen Phowa-Visualisation und das Erteilen des Segens für Michael zu überlassen, wenn er zu Besuch wäre. Michael lernte schnell und war begierig, alles richtig zu machen: das, was er im Moment tun mußte, und das, was er im aktiven Teil seines Sterbens tun mußte. Außerdem wollte er, daß auch Gina alles verstand. Von Berufs wegen war ihm der Tod nichts Neues. Michael wußte, wenn er im Sterben lag, dann würde er – genau wie so viele seiner Patienten der Intensivstation und onkologischen Abteilung – möglicherweise nicht so klar bei Verstand und so bewußt sein, wie er es gern wäre. Gina war seine Absicherung. Unsere Gespräche verliefen gezielt, aber es blieb genug Raum für anderes, und immer waren sie herzlich. Ich freute mich jedesmal auf unsere Treffen.

Eine Sache machte Michael in dieser Zeit schwer zu schaffen – eine Sache, bei der er mehr Hilfe als gewöhnlich zu brauchen schien. Er wollte, daß ich ihm bei der Klärung bestimmter Familienangelegenheiten half. Im großen Kreis seiner engeren Freunde waren viele Buddhisten, Sufis, Hindus und Pantheisten. Er wollte, daß ihre Kraft bei seinem Sterben die dominierende Kraft wäre. Seine Eltern und seine Familie waren Juden, und seine Schwester Toby gehörte den orthodoxen Juden an. Michael wollte jetzt seine Zeit mit ihnen verbringen, aber er wollte nicht, daß sie später bei seinem Tod anwesend wären. Er wollte einfach nicht, daß seine Familie ihm dabei in die Quere käme, den Tod zu sterben, den er haben wollte. Das war wahrscheinlich ein Thema, mit dem sich Michael schon öfter auseinandergesetzt hatte. Wenn man bedenkt, in welcher Situation Michael sich befand, war diese Sache zu vertrackt, um sie alleine anzugehen. Er wollte, daß noch jemand außer Gina seine Entscheidung unterstützte und als Vermittler fungierte, wenn irgendwann die Gefühle hochschlugen. Die Eltern und Toby sollten die folgende Woche kommen. Er wollte ganz sicher gehen, daß ich dabei wäre. Ich versprach es.

Ich sah dem Treffen mit Toby, Mr. und Mrs. Stein mit Unbehagen entgegen. Da ich selbst meinen Eltern gegenüber eher rebellisch gewesen war, besaß ich wahrscheinlich nicht den nötigen Abstand, den man von einem neutral gesonnenen Sozialarbeiter erwartet. Ich identifizierte mich mit Michaels

Lage. Aus Erfahrung wußte ich aber auch, daß der Tod die betroffenen Familien dazu bringt, mit der Vergangenheit Frieden zu schließen. Mir war klar, welchen Schmerz Michaels Bitte bei seinen Eltern auslösen würde.

Der Tag kam, an dem das Treffen stattfinden sollte. Ich erschien zur verabredeten Zeit und fand Michael wie so häufig in seiner imponierenden Buddha-Pose vor. Er schien durch die Situation etwas eingeschüchtert. Er hielt Ginas Hand. Mr. und Mrs. Stein saßen auf Stühlen an Michaels Bettende; Toby würde erst in ein paar Tagen kommen. Mr. Stein sah seinen Sohn voll Trauer und Liebe an. Mrs. Stein verbarg nicht, wie aufgewühlt sie war – ein Wesenszug von ihr, wie ich später von Michael und anderen, die sie kannten, erfuhr.

Nachdem er uns kurz und sehr förmlich vorgestellt hatte, zögerte Michael nicht lange, seine Nachricht in dieser erwartungsschwangeren Atmosphäre wie eine Bombe platzen zu lassen. Gina hielt seine Hand, während er sprach. Es schien, als sei dies ihre Art, ihm zu helfen, seine Worte zu mäßigen. Er sprach distanziert, aber eindringlich, und seine Stimme versagte manchmal ein wenig, was mir verriet, wie bedacht er seine Worte wählte. Er wollte, daß seine Eltern wußten, wie sehr er sie und seine Schwester liebte. Er wollte sie jetzt bei sich haben, wo er noch klar genug war, um mit ihnen zu reden. Er wollte nicht, daß sie zugegen wären, wenn er starb, weil es für sie und für ihn zu schwer wäre, wie er sagte.

Was an dieser Formulierung interessant war, ist, daß Michaels Bitte – auch wenn sie sehr persönlich war und zeigte, wie sehr er seine Familie liebte – auf einer umfassenderen Weltsicht zu basieren schien. In der Überlieferung des tibetischen Buddhismus heißt es, daß Sterbende äußerst verletzlich sind, weil sie angesichts des Todes mit tieferen, hintergründigeren Ebenen ihrer Psyche in Berührung treten – und nicht nur wegen ihrer geschwächten körperlichen Verfassung. Daher sind nicht nur ihre Sinne, sondern auch ihre emotionellen Wahrnehmungen geschärft. Diese Sensibilität gibt ihnen die Möglichkeit, tiefer in persönliche und das Persönliche überschreitende Bedeutungen vorzudringen. Wenn sie nicht sowieso schon ein gutes Stück spiritueller Erfahrungen gemacht haben, lernen sie sich jetzt besser kennen als je zuvor. Ihr Schmerz und ihre Unruhe zu dieser Zeit ist häufiger darauf zurückzuführen, daß sie sich auf eine vorher ungekannte, größere Realität einstellen müssen, als darauf, daß sie die Art von Schmerzen haben, die wir normalerweise im Laufe unseres Lebens mit Medikamenten bekämpfen. Wenn sich jemand in dieser Zeit emotionell an den Sterbenden klammert, kann dies für den geliebten Menschen in seinem Sterbeprozeß zu einer Zerreißprobe werden.

Ebenso eingehend wie sich Michael über Mountainbikes informiert hatte, hatte er auch *Das Tibetische Buch vom Leben und vom Sterben* gründlich studiert. Er wollte so sterben, »wie es sein soll«. Jemand aus unserer westlichen Kultur könnte sagen, daß Michael einen »Machtkomplex« hatte, daß er versuchte, Ereignisse zu beeinflussen, die für die westliche Heilkunst jenseits der Kontrollierbarkeit liegen – in den Händen von Gott oder einer höheren Macht; daß er außerdem unsensibel mit den Bedürfnissen seiner Familie umging. Da aber Michael den Wunsch hatte, bewußt zu sterben, traf er Entscheidungen, die zeigten, welchen Respekt er für den Sterbevorgang und welchen Sinn er dafür hatte, sich um sein ultimatives Wohlergehen zu sorgen. Der Tod bietet gewaltige Möglichkeiten. Es ist die ultimative Situation, in der man »alles geben« muß, und Michael wollte es nicht verpatzen. Diese fundamentale Wahrheit war ihm wichtiger als die Trauer seiner Eltern.

In der folgenden Stunde blieb kein Aspekt dieser Frage unberücksichtigt. Die anfänglich rein gefühlsmäßige Betrachtungsweise auf beiden Seiten änderte sich dahingehend, daß jeder die Position des anderen respektieren lernte, und man kam zu einem Schluß, mit dem Michaels Eltern leben und er selbst friedlich sterben konnte. Die Sache war damit fürs erste erledigt, und es blieb Mr. und Mrs. Steins Aufgabe, Toby über Michaels Entscheidung zu informieren. Ich glaube, daß Michael dies nicht selbst tun wollte. Als orthodoxe Jüdin hatte Toby ganz klare Vorstellungen davon, wie man mit Michaels Sterben und seinem Tod umgehen sollte. Damit mußte ich mich später noch einmal auseinandersetzen. Denn obwohl Michael gewünscht hatte, daß dies der letzte Familienbesuch wäre, sollte es anders kommen. Das Sterben hat wahrscheinlich mehr als jede andere Zeit des Lebens seine eigene Dynamik, seinen eigenen mysteriösen Zeitplan. Wir, die normalerweise widerstrebenden Teilnehmer, folgen diesem Plan bewußt oder unbewußt, bereitwillig oder um jeden Schritt des Wegs kämpfend oder irgendwo dazwischen.

Nachdem diese familiäre Hürde scheinbar genommen war, erwartete Michael ungeduldig den Lama Ole. Wenn ich ihn besuchte, konnte ich jedesmal sehen, wie seine Lebenskraft schwächer und schwächer wurde. Mal war er voll konzentriert und geistig ganz bei den Anwesenden, mal schien es, als würde er schlafwandeln. Er sagte kurz etwas und sank dann tief in das Reich der Träume zurück oder wohin ihn seine Gedanken auch führten. Mit jedem Besuch lernte ich mehr von Michaels Freunden kennen. Sie kamen aus dem ganzen Land. Wenn Michael wach war, konnte man deutlich sehen, daß er mit allen sehr verbunden war. Er war ihr Freund gewesen, ihr Liebhaber vielleicht, auf jeden Fall ihr Vorbild. Viele konnten ihre Tränen nicht zurückhalten. Alle würden ihn vermissen. Und mitten in diese tieftraurigen Momente hinein lächelte Michael manchmal plötzlich oder machte einen Witz, womit er die bedrückende Atmosphäre wieder erheiterte.

Der Tag kam, an dem mein Freund Lama Ole Nydahl aus Europa ankam. Es war geplant, daß er im Hospiz einen Vortrag über das Sterben und den Tod halten sollte, aber ich wollte, daß er zuerst Michael aufsuchte. Lama Ole hat ein Talent dafür, zu spüren, wenn mehr Einsatz gerechtfertigt ist, und er hat die Kraft, solchen Situationen gewachsen zu sein. Er fand es gut, Michael zu besuchen.

Strahlend betrat der tantrische Yoga-Meister Lama Ole Michaels Zimmer. Michael empfing ihn mit großen Augen und einem Lächeln, an dem man sehen konnte, daß er bei Bewußtsein war, hinter dem sich aber auch sein Schmerz verbarg. Michael streckte ihm die Arme entgegen, und die beiden umarmten sich wie alte Schulfreunde. Lama Ole fand in Michael einen Seelenverwandten. Er öffnete sich ihm ohne jeden Vorbehalt; und ganz der brave Schüler, öffnete sich auch Michael seinem Lehrer. Michael hatte die Fähigkeit, alles, was er bis zu einem Punkt gelernt hatte, aufzugeben, um für neue Wissensebenen aufnahmebereit zu sein, sobald sie sich boten. Ich glaube, daß dies zum Teil seine Lernfähigkeit ausmachte.

Als Lama Ole Michael beschrieb, wie er seine Gedanken konzentrieren und seine Energie leiten solle, damit sein Tod so bewußt und so glücklich wie möglich würde, hielt Michael die Augen geschlossen und sog jedes Wort und jede Handberührung von Lama Ole in sich ein. Jedes einzelne Wort, jeden Eindruck, den Lama Ole ihm vermittelte, wollte er vor seinem inneren Auge sehen, hören und fühlen. Lama Oles Gefolge stand um Michaels Bett herum und sah diesem Austausch zwischen ihrem geliebten Lehrer und dem halbnackten, abgezehrten Fremden ehrfürchtig zu.

Lama Ole machte seiner Freundin Caty ein Zeichen, woraufhin sie vortrat und Michael ein traditionelles buddhistisches Segensband um den Hals legte. Michael weinte. Als Lama Ole sich verabschiedete und zur Tür wandte, konnte ich sehen, wie tief bewegt auch er von dem Treffen war. Später im Auto, auf dem Weg zu seinem Vortrag, sagte er ruhig: »Michael wird das gut machen.«

Nach Lama Oles Besuch hatte Michael immer seltener helle Momente, in denen er bewußt und klar genug war, um aktiv eine Konversation zu führen. Michael merkte es selbst, und es machte ihn traurig. Wenn Gina, seine Freunde und ich ihn besuchten, begann er manchmal unvermittelt zu weinen und sagte, wie sehr er nicht gehen wollte. Aber es war keine Bitterkeit in seiner Stimme. Er schien auch kein Mitleid zu wollen. Sein Leben war reich gewesen. Sein Leben war erfüllt gewesen. Er hatte treue Freunde und in Gina eine leidenschaftliche, hingebungsvolle Partnerin. Er hatte zwar keine eigenen Kinder, aber Ginas Sohn Jason war wie sein eigener Sohn für ihn geworden, und Jason erwiderte dieses Gefühl. Es gehörte eben zu Michael, auch beim Trauern »alles zu geben«. In seiner Trauer steckte eine ungeheure Kraft. Und da er sich seiner Trauer und dem unausweichlichen Tod nicht widersetzte, blieb ihm mehr Energie, die er auf den bewußten Tod, den er haben wollte, konzentrieren konnte.

In seinem Enthusiasmus für *Phowa* mühte Michael sich sehr, aus jedem meiner Besuche eine weitere Unterrichtsstunde zu machen. Er wollte, daß ich ihm heilige Phowa-Gesänge auf Kassetten aufnahm. Er ließ mich ein Mantra auf ein Zeichen schreiben, so daß es ihn daran erinnern würde, es wieder und wieder zu repetieren, wenn er wach war. Lama Ole hatte ihm einen Gebetskranz gegeben. Das Zählen der Kugeln sollte Michael bei seinen Repetitionen helfen, sich auch physisch mit der Energie des Mantra zu beschäftigen. Manchmal kam ich ins Zimmer, und Michael war kaum bei Bewußtsein, aber die Kugeln glitten durch seine Finger.

Später muß Michael wohl zu einer sanfteren Haltung gegenüber seinen Eltern und seiner Schwester gelangt sein. Er hatte beschlossen, daß er sie noch einmal sehen wollte. Mr. und Mrs. Stein kamen aus Florida und verbrachten mit Michael ein ruhigeres Wochenende als zuvor. Sie taten ihr bestes, Michaels Wunsch zu respektieren, indem sie wenig verlangten und Michaels Freunden den Vorrang gegenüber ihren eigenen Bedürfnissen oder Erwartungen einräumten. Toby war aus Israel gekommen. Als sie mich das erste Mal traf, war sie freundlich, aber verunsichert. Sie hatte mit ihrem Glauben, mit dem Wunsch ihres Bruders und der schlichten Tatsache zu kämpfen, daß sie ihren Bruder sehr liebte und es ihr das Herz brach, ihn in diesem Zustand sehen zu müssen.

Eine Woche bevor er starb, schien Michaels Zustand aus medizinischer Sicht zwischen einem leichten und einem schweren Koma zu wechseln. Es soll genügen zu sagen, daß der Kontakt mit der Außenwelt nicht so wichtig war wie das, was er geistig und körperlich verarbeitete. Sein Freund Loic berichtete mir später, daß Michael in dieser Phase immer wieder einmal aufzutauchen schien, um in einer Art letzter Vorbereitung auf den Moment, von dem alle wußten, daß er kommen würde, mit den Anwesenden einen kurzen aber wesentlichen Kontakt zu haben. Loic war am Wochenende vor Michaels Ableben gekommen. Er schlief neben seinem geliebten Freund, um jeden Moment während seines Besuches mit Michael verbringen zu können. Einmal muß es so gewesen sein, daß Michael aus seinem Tiefschlaf auftauchte, Loic und Gina ansah und mit sehr müder, trauriger Stimme sagte: »Ich fühle mich, als hätte ich zehntausend Jahre gearbeitet.«

Wenn der Körper völlig lädiert ist und wenn Tag und Nacht für einen nicht mehr existieren – wer kann schon sagen, welches Gefühl von Zeit die Menschen haben, die zwischen den Welten wandern? Loic und Gina würdigten Michaels Mühen und sagten ihm liebevoll: »Mach weiter. Wir lieben dich. Wir wissen, wie schwer das für dich ist, aber du schaffst es.« Später tauchte Michael wieder einmal auf und bat Gina, eine Pizza zu besorgen, so daß sie, Jason und er eine Pizzaparty machen könnten. Solche Partys waren eine Gewohnheit von den dreien. Gina erzählte mir später, daß Michael für damalige Verhältnisse ganz ungewöhnlich lange wach war und er wie in alten Zeiten lachte und Witze machte.

Ich arbeite normalerweise nicht nachts und am Wochenende. Aber da ich versprochen hatte, Michael beim *Phowa* zu helfen, und ich wußte, daß sein Tod jederzeit eintreten konnte, ließ ich meinen Piepser Tag und Nacht eingeschaltet. Am Sonntagnachmittag ging der Piepser an. Es war die Nummer von Michaels Krankenzimmer. Gina rief an.

»Bob«, sagte sie mit ruhiger und belegter, aber fester Stimme, »Michael atmet sehr schwer.«

»Soll ich kommen?«

»Ja«, antwortete sie kurz. Und dann erzählte sie mir, wie Michael das letzte Mal aus seiner tiefen Stille aufgetaucht war.

Toby war zwar nach Israel zurückgekehrt, aber sie hatte sich nicht wohl gefühlt, so weit entfernt von ihrem Bruder zu sein. Sie vertraute auf ihre Intuition und buchte einen Flug, obwohl sie gerade erst nach Hause gekommen war und kehrte so schnell wie möglich nach Amerika zurück. Toby, Gina und eine frühere Geliebte von Michael waren zugegen, als er sich mit einem übermenschlichen Kraftaufwand in eine aufrechte Position brachte, die Beine zum Lotossitz des Yogis übereinanderschlug und begann, diesen drei sehr wichtigen Frauen in seinem Leben das Segenslied der Sufis beizubringen, als wäre es für ihn das Normalste auf der Welt.

Mit großem Nachdruck und starker Konzentration ließ er sie jede Zeile mit den dazugehörigen Handbewegungen wiederholen:

Gottes Segen ruhe auf dir, Gottes Frieden sei mit dir, der Segen Gottes erleuchte dein Herz, jetzt und immerdar.

Sobald er das sichere Gefühl hatte, daß jede von ihnen ganz genau wußte, wie der Text und die Bewegungen gingen, fiel er wieder ins Koma, aus dem er nicht mehr erwachen sollte.

Fast hätte ich schon am Telefon angefangen zu weinen. Den Drang, Gina und Michael beizustehen, konnte ich körperlich spüren: »Ich komme sofort.«

Wenn man sich in die Zeit begibt, in der der Tod unmittelbar bevorsteht, weiß man vorher nie, welche Gefühle und unaufhaltsame Strömungen zwischen denen fließen, die um den Sterbenden herum sind. Ginas Stimme hatte friedlich geklungen, aber es hatte auch Dringlichkeit mitgeschwungen. Ich hatte gedacht, daß diese Dringlichkeit mit Michaels Ableben zu tun hatte. Aber als ich den Krankenhausflügel betrat, befand ich mich plötzlich mitten in Michaels komplexer Welt. Ohne daß ich es gewußt hatte, waren Michaels Eltern wieder aus Florida zurückgekommen, just als Michael zu entgleiten begann. Sie hatten auch Verwandten Bescheid gesagt. Mrs. Steins Schwester war da. Michaels Schwester Toby war bei ihnen. In der Ecke des Raums saß Loic, Michaels engster Freund, den ich bis dahin noch nicht kennengelernt hatte. Zusammen mit der Familie Stein und Loic waren es vierzehn Menschen, die sich um Michaels Bett versammelt hatten. Viele waren von Gina gebeten worden, zu Michael ins Krankenhaus zu kommen, kurz nachdem er ihr das Segenslied der Sufis beigebracht hatte. Sie hatten dann begonnen, Wache für

Michael zu halten, mit Gebeten, Gesängen, Bibellesungen und dem Abspielen von Kassetten. Es war eine Kakophonie der Klänge, aber trotzdem eine friedliche Atmosphäre. Inmitten des Geschehens lag Michael. Er atmete schwer, Schweiß stand auf seiner Stirn.

Es war ein Ereignis, ein gewaltiges Ereignis, und nichts wirkte, als sei es fehl am Platz: nicht das Auf- und Ablaufen seines Vaters, das Plappern seiner Mutter, die hinduistischen Gesänge seiner Freunde und auch diejenigen nicht, die einfach nur herumstanden oder dasaßen, während Michael seine letzten Momente lebte. Gina und ihr Sohn Jason waren auch da: Gina hielt Michaels Hand und tupfte ihm die Augenbrauen; Jason, der erst vierzehn Jahre alt war, blickte mit Neugier, Trauer und Verwunderung auf Michael, den er als Freund und Vater lieben gelernt hatte.

Loic bahnte sich einen Weg durch die Menge zu mir, und wir traten einen Moment nach draußen. Loic war Psychotherapeut; er fühlte die immense Flut von Gefühlen über den Verlust seines geliebten Freundes in jeder Faser seines Körpers. Michael hatte ihm von mir und dem *Phowa* erzählt. Ebenso wie Michael mir von Anfang an großes Vertrauen entgegengebracht hatte, tat Loic dies auch. Aber hier war mehr zu tun als nur *Phowa*, und dabei brauchte Loic meine Hilfe.

Auch wenn es nicht so schien, als sei irgendetwas fehl am Platz, berichtete Loic mir, daß schon in den Stunden vor meiner Ankunft das Zusammentreffen von jüdischen und östlichen Glaubenspraktiken zu einer Spannung geführt hatte – einer Spannung, die zur Sprache zu bringen er sich nicht in der Lage fühlte, da er wie ein zweiter Sohn für die Steins war. Es mußte ein Weg gefunden werden, die Situation um Michael herum zu beruhigen, damit allen genug Raum gelassen werden konnte, bei Michael zu sein, sein Sterben aber nicht gestört wurde.

Kurz nach meiner Unterhaltung mit Loic wandte Gina sich leise mit der gleichen Bitte an mich. Die nächsten fünf Stunden verbrachte ich einerseits mit Meditationen, um eine tiefere Verbindung zu Michael aufzubauen, und andererseits damit, zwischen Michaels Familie und Freunden hin und her zu pendeln. Ich war eine Art Verkehrspolizist für gruppendynamische Bewegungen, eine Art Dirigent des Lebens. Die Ironie des Schicksals wollte es, daß meine Aufgabe durch die Anwesenheit von Michaels Schwester Toby vereinfacht wurde. Obwohl sie selbst eine streng orthodoxe Jüdin war, hatte sie gelernt zu akzeptieren, was Michael für sich selbst wollte. Ihr Glaube war stark genug, daß sie zwischen dem Glauben an sich und seiner Ausübung unterscheiden konnte – ein Zeichen wahrer Religiosität und Reife. Sie sprach die Ebene des Glaubens bei mir an, und so fand ich in ihr eine Verbündete für die Aufgaben, die mir bevorstanden.

Ich saß nah an Michaels Bett und versuchte, entspannt zu atmen, während meine Sinne darauf gerichtet waren, mit Augen, Ohren und Gespür Michaels Sterben zu begleiten. Auf allen Seiten waren Freunde, die ihm Hände und Füße massierten und *om nama shivaya* sangen. Im Hintergrund spielte eine Kassette mit meinen Gesängen. Verwandte gingen ein und aus und setzten sich manchmal kurz hin, bis sie wieder das Gefühl hatten, nach draußen gehen zu müssen. In diesem Wirrwarr der Klänge und des Geschehens hatte ich von Zeit zu Zeit durch Michaels Stöhnen, seine Bewegungen oder seinen Gesichtsausdruck den Eindruck, daß etwas geändert werden mußte. Ich wandte mich taktvoll an einen Freund an Michaels Bett und bat, daß man ihn etwas weniger fest massieren oder seinen Körper mal eine Weile ganz in Ruhe lassen sollte.

Die Sinneswahrnehmung ist geschärft, wenn man stirbt, und man macht innerlich enorme körperliche Veränderungen durch. Jede hinzukommende Stimulation, die nicht in Einklang mit den Bedürfnissen des Moments steht, ist eine zusätzliche Belastung. Den Sterbenden in dieser Zeit umzudrehen oder zu bewegen, wird von ihm intensiver wahrgenommen als in der »normalen« tagtäglichen Praxis. Wenn die irdische Hülle zurückgelassen wird, ist es, als ob Stimulationen oder Berührungen, die die Sterbenden mit dem, was sie zurücklassen, in Kontakt bringen, sie in Schmerz oder Unruhe versetzen. Wenn wir das Stöhnen hören oder den Gesichtsausdruck wahrnehmen, denken wir leider immer, daß es nötig sei, Medikamente zu verabreichen oder wenigstens irgendetwas zu tun, während es in den meisten Fällen einfach das beste ist, die Sterbenden in Ruhe zu lassen. Natürlich müssen die, die sich wundgelegen oder große Schmerzen haben, umgedreht, berührt oder gestreichelt werden, um ihnen Beruhigung und Trost zu geben. Das beste ist in diesen Momenten, die Handgriffe, die man für nötig hält, ruhig, sachte und geübt auszuführen. Wenn der Tod sich nähert, ist eine Fußmassage nicht sinnvoll und bringt oftmals die Sterbenden in Bedrängnis. Sanftes Streicheln oder Reiki* kann angenehm sein. Die Zonen, die in dieser Situation am besten berührt werden können, scheinen Hände und Kopf zu sein. Die Hand zu halten, kann beruhigend wirken, es ist nicht so intim oder physisch wie eine Berührung der Füße. Wenn man den Kopf stimuliert, indem man die Stirn abtupft oder über die Haare streicht, wird das Gehirn stärker durchblutet. Es verhilft den Sterbenden dazu, so gut bei Bewußtsein zu sein und so klare Gedanken zu fassen, wie irgend möglich.

* A.d.R.: Händeauflegen auf den Körper, um durch die unerschöpfliche universale Lebensenergie zu heilen.

Wenn die Gesänge, Kassetten und Gebete zu laut wurden, mußten sie zum Verstummen gebracht werden, damit die Stille und Wahrheit des Moments, den wir alle erlebten, Michael und alle Anwesenden ergreifen konnte. Dann kam manchmal Mrs. Stein, auf ihren Mann, Toby oder ihre Schwester gestützt, in den Raum. Zitternd stellte sie sich ein paar Minuten lang neben ihren sterbenden Sohn und hielt seine Hand. Ich wußte, was Michael mir aufgetragen hatte. Respektvoll legte ich ihr stumm eine Hand auf die Schulter und ermutigte sie, einen kleinen Spaziergang zu machen, um sich zu entspannen und zu beruhigen. Sie zeigte sich in keinster Weise darüber gekränkt. Fast hatte es den Anschein, als sei sie erleichtert zu wissen, was sie für Michael und sich selbst zu tun hatte.

Lange versuchte ich herauszuspüren, was als nächstes passieren mußte, da Michaels Atem immer schwerer ging. Ohne daß sie etwas sagen mußten, wußte ich, daß ich in Gina, Loic und Toby Unterstützung für meine Ordnungsversuche hatte. Und ich glaube, die Wahrheit ist, daß es auch das war, was Michael wollte. Bis zu diesem Punkt in seinem Leben hatte er nichts dem Zufall überlassen, wenn er sich in etwas Neues und Unbekanntes hineinstürzte. Es ist ein wahres Zeichen von Selbstbeherrschung, wenn jemand sich innerlich eine solide Grundlage aufbauen kann, von der aus er in neue und größere Höhen fliegen kann. Geschichten über Michael hatten mich davon überzeugt, daß er diese Selbstbeherrschung hatte. Warum sollte es jetzt anders sein?

Nachdem ich etwa dreieinhalb Stunden im Krankenhaus war, kam Michael an einen kritischen Punkt. Er wirkte gequält. Aus seiner Stimme klang weder Schmerz noch Unrast. Es hörte sich eher an wie ein Kind, das weint, damit seine Mutter nicht den Raum verläßt, nur daß es in diesem Fall umgekehrt war. – Und Michael schien sich an sein Leben zu klammern, schien damit zu kämpfen, wie er es loslassen sollte, um in die Tiefen des Seins vorzudringen, die zu erfahren ihm in diesem Moment abverlangt wurde. Auf jeden Atemzug folgte ein klagendes Stöhnen. Mit den Minuten, die verstrichen und in denen wir Michaels Klagelied lauschten, wurden alle Anwesenden immer beunruhigter. Ich schloß die Augen und fragte mich, was Michael wollte. Der einzige Gedanke, der mir kam, war: *von den Bindungen befreit werden*. Er wußte an diesem Punkt nicht, wie er sich nicht festklammern sollte. Er war so gut darin gewesen, die Menschen anzuziehen und sie als etwas Kostbares in seinem Leben zu behalten. Er hatte nicht gelernt, anders zu sein.

In der tibetischen Überlieferung wird gelehrt, daß das Atmen sich verändert, wenn man sich dem Tod naht. Diese Veränderungen beginnen schon Monate vorher. An manchen Tagen atmen wir stärker durch den einen Nasenflügel, an anderen Tagen durch den anderen. Die genaue Anzahl von Stunden und Tagen dieser Wechsel wird in einigen der bedeutungsvollsten Lehrwerke dokumentiert, die je geschrieben wurden. Die Wechsel haben feine Veränderungen der physiologischen und psychologischen Vorgänge zur Folge. Der Atem ist Träger unserer tiefsten Gefühle. Es wird gesagt, daß unsere Gedanken und Gefühle trübsinniger sind, wenn es uns schwerfällt, durch beide Nasenflügel zu atmen, daß wir aggressiver sind, wenn der Atem mehr über den linken Nasenflügel vermittelt wird, und daß wir stärker an der Welt hängen, wenn wir hauptsächlich durch den rechten Nasenflügel atmen. Im Rahmen des *Phowa* und bewußten Sterbens empfiehlt die tibetische Überlieferung, den rechten Nasenflügel mit Stoff oder etwas anderem zu verstopfen, wenn es den Anschein hat, daß der Sterbende am Leben festhält. Auch die erfahrenste Seelsorgerin unseres Hospizes hat mir von Beobachtungen erzählt, die sie über die Jahre gemacht hat: daß Sterbende, die auf die rechte Seite gedreht werden können, womit ihre rechtsseitige Wahrnehmung (und der rechte Nasenflügel) blockiert wird, sich entspannen und scheinbar friedlicher sterben. Nachdem ich diesen Gedanken mit Gina und den Steins durchgesprochen hatte, steckte ich einen Wattebausch in Michaels rechten Nasenflügel.

Innerhalb von Minuten fand eine vollständige Wandlung in Michaels Aktivität statt, die alle Anwesenden verfolgen konnten. Er wurde sichtlich entspannt, und sein Atem ging in einen langsameren, gleichmäßigeren, friedlicheren Rhythmus über.

Als die Zeit für Michael kürzer wurde, begann die Bewegung zwischen Michaels Freundes- und Familienkreis langsam ineinander überzugehen, und die Unterschiede schwanden. Freunde und Familie rückten enger aneinander; vorherige Engstirnigkeit und Grenzsetzung lösten sich auf in einer Atmosphäre, die erfüllt war von Klarheit und Leben. Eine solche Atmosphäre entsteht durch die Klarheit und Energie, die vom Sterbenden ausgeht. Der Schweiß lief Michael von der Stirn; man konnte daran erkennen, mit welcher Entschlossenheit er arbeitete, wie er das in allen Momenten seines Lebens getan hatte. Gina tupfte ihm die Stirn und hörte nicht auf, ihm Worte der Liebe und Ermutigung zuzusprechen. Angesichts der zunehmenden Harmonie um Michael herum konnte ich mich ruhig hinsetzen und mich auf einer tieferen Ebene auf Michael einstellen. Ich ließ meinen Atem mit dem Rhythmus seines Atems verschmelzen. Nichts mehr schien im Weg zu stehen.

Dann wandelte sich Michaels Atmen wieder, als ob er nun tiefer aus dem Inneren zu kommen schien; die Atemzüge klangen wie Seufzer der Erleichterung. Mir wurde klar, daß es Zeit war.

Ich durchquerte den Raum, stellte mich neben Gina und deutete ihr an, daß ich einen Moment mit Michael sprechen wollte. Ich sagte ihm ins Ohr: »Es ist alles in Ordnung, Michael. Du hast alles getan, was du tun mußtes. Ich weiß, daß du jetzt das helle Licht um dich herum sehen kannst. Sei jetzt nicht besorgt. Hier wird alles in Ordnung sein. Du kannst jetzt loslassen.« Ich drehte mich zu Gina um und flüsterte mit einer Gewißheit, die ich nie zuvor erfahren hatte: »Es ist soweit.« Ihre Augen weiteten sich, ein paar Tränen stiegen ihr in die Augen, und sie nickte.

Als ich mich wieder setzte, öffnete ich mich für das Geschehen im Raum. Michael machte jetzt längere Pausen zwischen dem Ein- und Ausatmen. Ohne daß irgendetwas gesagt worden wäre, begannen alle Freunde ins Zimmer zu kommen und standen auf der rechten Seite von Michaels Bett. Gina streichelte Michaels Kopf. Mr. Stein saß mit Toby zu Michaels Linken. Die Gesänge der Freunde verstummten aus Ehrfurcht vor dem Ereignis, dem sie beiwohnten.

Michael holte tief Luft. Eine Ewigkeit kam kein Atem aus ihm heraus, und es schien, als hielten auch alle Anwesenden den Atem an.

Michael atmete tief aus. Alle atmeten wieder normal. Nervöses Gemurmel kam auf.

Wieder holte Michael Luft, atmete nicht aus. Die Atmosphäre lud sich elektrisch auf. Als er wieder ausatmete, schienen alle Anwesenden ihre Position zu verändern, wie nach einem zuvor unerkennbaren kosmischen Muster. In dieser Bewegung wurde etwas Raum nahe der Tür frei, und Mrs. Stein, die es bislang im Raum nicht ausgehalten hatte, trat ein, von Loic an der linken Hand geführt.

Als Michael seinen letzten Atemzug tat, nahm Mr. Stein seine Hand, seine Frau legte Michael die Hand auf die Schulter, während Loic sie liebevoll von hinten stützte und umarmte. In diesem ergreifenden Moment war es, als sei Michaels Welt vollzählig zusammengekommen und bezeuge schweigend den letzten Atemzug, den er in dieser Welt tat.

In dem Wissen, daß vielen die Frage durch den Kopf ging, wann er wieder ausatmen würde, sagte ich sanft in die Stille des Moments hinein, daß das letzte Atmen ein Einatmen ist – daß Michael nicht mehr ausatmen würde.

Die gewichtige, bewegende Stille, die diesen Momenten innewohnt, wurde von der sanften, klaren Stimme Loics durchbrochen. Es lag angespannte Bestimmtheit in seiner Stimme. Er bat alle, die bei Michael standen, sein Bett von der Wand abzurücken, damit wir einen Kreis um ihn herum bilden konnten. Wir hielten uns alle an den Händen – die Freunde und die Familie, die sich um Michael herum versammelt hatten, um sein letztes Erlebnis mit ihm zu teilen. Kaum einer weinte bis jetzt. Das Händehalten schien uns alle näher zu bringen. Vielleicht stützten wir uns damit gegenseitig, eher aber war es eine gemeinsame Bezeugung unserer Liebe zu Michael.

Dann bat Loic alle, das Segenslied der Sufis mitzusingen. Wie er mir später erzählte, hatte er das Gefühl bekommen, daß dieser bestimmte Moment der richtige Zeitpunkt war, um anderen Freunden und der Familie dieses Lied wie einem Chor beizubringen, nachdem Michael es Gina, Toby und seiner alten Freundin beigebracht hatte. Nachdem die vier einmal den Text vorgesprochen und die dazugehörigen Bewegungen vorgemacht hatten, standen wir also alle da: ein Chor aus vierzehn Menschen, die sich um Michaels reglose, stille Gestalt herumbewegten und sangen. Ich glaube, ich war nicht der einzige, dem sich das Herz öffnete angesichts der Schönheit dieses Gedenkrituals.

Nachdem das Lied gesungen war, war der Raum wieder von

Stille und Ehrfurcht erfüllt wie zuvor. Alle standen da wie erstarrt. Während alle seinen reglosen Körper ansahen, ermunterte ich sie dazu, in sein Gesicht zu sehen. Wenn wir einen Menschen ansehen, der tot daliegt, würden wir normalerweise erwarten, daß er irgendwie abwesend erscheint, der Gesichtsausdruck vielleicht leer ist. Aber wenn man genau hinsieht, wird man erkennen, daß er einen sehr konzentrierten Ausdruck hat, nicht so wie im Tiefschlaf, sondern mehr wie in einem gedankenverlorenen Dösen. Nach östlicher Überlieferungen ist es auch genau das, was vor sich geht. Der letzte Atemzug holt Energie tief in den Körper, wo sie physiologisch genutzt wird, um die letzten psychophysischen Prozesse in der gegenwärtigen Hülle eines Menschen auszulösen. Dies ist die Zeit der außerordentlichen ungewöhnlichen Wahrnehmungen, die von Menschen, die schon einmal auf der Schwelle zum Tod standen, oft beschrieben werden. Eine Differenzierung dessen, was ein Mensch genau in dieser Zeit durchlebt, findet sich in Büchern wie dem *Tibetischen Totenbuch* oder in zeitgenössischen Werken über die Erfahrungen von Menschen, die dem Tod gerade noch einmal entronnen sind. Die Beschreibungen in Texten aus westlichen und östlichen Kulturkreisen sind sich nicht unähnlich. Die meisten aktuellen Texte aus dem westlichen Kontext behandeln nur, was diejenigen gesehen haben, die ins Leben in ihrem gegenwärtigen Körper zurückgekehrt sind. Texte aus dem östlichen Kontext, insbesondere solche aus Tibet, gehen einen Schritt weiter. Sie erzählen eine lange Geschichte von Menschen, die wissentlich und bei vollem Bewußtsein wiedergeboren werden und die Fähigkeit haben, diese Zeitspanne und auch noch, was darüber hinaus geht – wenn die Rückkehr in den alten Körper nicht das ist, was als nächstes passiert –, beschreiben zu können.

Daher sagte ich diesem Freundes- und Familienkreis, daß

Michael sie nun, da sein äußerlicher Kampf vorüber war, gleichwohl noch hören könne, falls sie ihm etwas sagen wollten. Offensichtlich hatte keiner Skrupel, Michael der Reihe nach zu sagen, daß sie ihn liebten, und sich von ihm zu verabschieden.

Daran denkend, was Michael ihr aufgetragen hatte, wandte Gina sich an mich und bat mich, nun das Phowa-Ritual durchzuführen, wie wir es besprochen hatten. Weder Freunde noch Familie schienen angesichts des intensiven, aber friedlichen Strahlens, das noch von Michaels Gesicht und Körper ausging, von dieser Bitte unangenehm berührt. Einige blieben um Michael herum stehen, andere setzten sich, als ich die Zeremonie begann.

Ich saß im Schneidersitz auf dem Stuhl, auf dem ich die letzten fünf Stunden gesessen hatte, nahm den Phowa-Text aus meiner Tasche und hielt eine Weile inne.

»Michael«, sagte ich laut und spürte seine Anwesenheit im Raum, »ich werde jetzt wie versprochen das Phowa durchführen. Aber ich glaube eigentlich nicht, daß es noch nötig ist.« Normalerweise spüre ich immer, wenn Menschen noch festhalten oder sie in den Vorgängen die Orientierung verlieren, wenn sich das Bewußtsein langsam mit dem hellen Licht vermischt, welches das wahre Wesen dieses Menschen ist. Dieses helle Licht war etwas, über das Michael und ich oft in unseren wöchentlichen Sitzungen gesprochen hatten und woran ich ihn an diesem Tag immer wieder erinnert hatte, wenn ich in sein Ohr flüsterte. Ich spürte, daß Michael mit diesem hellen Licht verschmolzen war und daß das der Grund war, warum ich nur eine Atmosphäre der Freude und Liebe wahrnahm. Ich brauchte wirklich nichts mehr für ihn zu tun. Trotzdem, besonders für Gina, war es wichtig, daß ich das Ritual vornahm wie geplant.

Ich visualisierte, sang und erklärte allen Anwesenden zwischendurch immer wieder, was ich tat. Das Phowa-Ritual dauerte eine halbe Stunde. Während ich es durchführte, konnte man an den Gesichtern der Menschen im Raum erkennen, wie ihnen langsam der Verlust Michaels in ihrem Leben bewußt wurde. Einige weinten, andere wurden schwermütig. Als ich zum Schluß kam, schien es daher angebracht, daß Toby vortrat, um die letzten jüdischen Rituale vorzunehmen. Sie sprach das Kaddisch auf Hebräisch, mit sanfter, klarer und wohlklingend trauernder Stimme. Mrs. Stein konnte sich nun in den Armen ihres Mannes der Trauer hingeben, die sie so tapfer zurückzuhalten versucht hatte.

Nach und nach kamen die Krankenschwestern herein, um sich von Michael zu verabschieden. Daß sie sich ihm so nahe fühlten, war wahrscheinlich der Grund, warum mir auch meine letzte Bitte gewährt wurde. Ich bat sie darum, den Körper nicht anzufassen und ihn noch drei Stunden lang so zu lassen, wie er war. Um sicherzustellen, daß dies wirklich eingehalten wurde und wahrscheinlich auch, weil sie noch etwas länger bei ihrem Bruder bleiben wollte, beschloß Toby, noch im Krankenhaus zu bleiben.

Michael wurde einige Tage später eingeäschert. Die Gedenkfeier für ihn wurde an einem seiner Lieblingsorte abgehalten: im Naturkundemuseum. Er hatte es geliebt, die Dinosaurierausstellung zu besuchen. Und so versammelten sich, umringt von den gigantischen Riesen, die die Erde einst durchstreiften, noch mehr Freunde und noch mehr Familienangehörige zu einer weiteren Huldigung an Michaels Leben. Gedichte, Lieder und Geschichten aus Michaels Leben mischten sich auf fast magische Art miteinander und legten sich wie ein Trostpflaster auf die Wunden, die der Verlust hinterlassen hatte. Eine Diavorführung mit Bildern von Michaels Abenteuern strahlte in Überlebensgröße von der Wand. Das Publikum schmunzelte, weinte und lachte über Michaels Art, »immer alles zu geben«. Es schien angemessen, daß das letzte Bild von Michael, das von der Wand strahlte, eine Aufnahme aus den späteren Tagen seiner Krankheit war. Glatzköpfig blickte sein leicht geschwollenes Gesicht auf uns nieder, mit gütigen, leuchtenden Augen. Es war, als sei Michael in diesem schrecklichsten aller Momente immer noch anwesend, aufmerksam und liebevoll, und erinnere uns alle daran, im Leben »immer alles zu geben«.

Was ich über meine Beziehung zu Michael zu sagen habe, neigt sich an diesem Punkt dem Ende zu. Aber ich verspüre den Drang, auch Ereignisse im Leben seines engsten Freundes Loic mitzuteilen; auch sie hatten mit der richtigen Zeit und mit Zufällen zu tun.

Nachdem Toby die jüdischen Rituale beendet hatte und Freunde wie Familie den Raum verlassen hatten, nahm Loic mich beiseite und wollte mit mir reden. Er hatte Michael sehr nahe gestanden. Die beiden hatten ihr Leben miteinander geteilt, ihre Höhen und Tiefen. Loic hatte darauf vertraut, daß er bei Michael sein würde, wenn er starb. Und doch, in den letzten Augenblicken in Michaels Leben wanderte Loic mit Mrs. Stein durch die Gänge des Krankenhauses, um dann ins Zimmer zu kommen und Zeuge von Michaels letztem Atemzug zu sein. Er konnte nicht einmal direkt bei Michael sein, seine Hand nehmen, ihm sagen, wie sehr er ihn liebte.

In dem Mandala, das bei Michaels Ableben entstand, wurde Loic die Unterstützung von Mrs. Stein. Er konnte akzeptieren, welchen Wert es hatte, daß er für sie da war, und als er alle anleitete, das Segenslied der Sufis zu singen, erfüllte er eine Funktion, von der er spürte, daß Michael ihn damit betraut hatte. Aber er bekam dadurch die Rolle des Lehrers und nicht die des trauernden, liebenden Freundes. Was war mit seinem eigenen Bedürfnis, bei Michael zu sein?

In seiner Eigenschaft als Psychotherapeut und in seiner Bestrebung, das Spirituelle zu finden, versuchte er so gut er konnte, objektiv zu sein und alles im größeren Kontext des Lebens zu sehen. Aber beim Nachspielen der Ereignisse, wie sie geschehen waren, fehlte ihm etwas.

Loic reiste bald nach der Gedenkfeier im Naturkundemuseum zurück nach Hause an die Westküste. Wir waren uns in den fünf Stunden bei Michael und in unseren anschließenden Unterhaltungen sehr nahe gekommen und versprachen, in Verbindung zu bleiben. Tatsächlich hörten wir in den folgenden Monaten regelmäßig voneinander, da Loic mir zugesagt hatte, etwas zu meinem Buch *Rebirth into Pure Land* beizutragen, und er ein paar gemeinsame Freunde von ihm und Michael in Santa Fe besuchte. Danach kam es einige Male vor, daß Loic anrief, mit einer Traurigkeit beladen, die fast unerträglich war. Wie auch bei so vielen anderen, die ich in solchen Zeiten erlebt habe, wurde seine Trauer durch andere Ereignisse in seinem Leben noch gesteigert. Jetzt, da ein Eckstein in seinem Leben fehlte, war es, als würde die gesamte Fassade seines Lebens um ihn herum bröckeln. Ich konnte ihm in diesen Momenten nur zuhören. Ich konnte ihm ein Freund sein, nicht aber der große Bruder und Provokateur, der Michael für ihn gewesen war.

Die Zeit verging, und die Anrufe wurden seltener. Das änderte sich eines Abends.

Nach der Erfahrung von Michaels Tod und einer tiefergehenden und ausführlichen Auseinandersetzung mit Tod und Sterben fühlte sich Loic dazu berufen, einen Workshop mit anderen Psychotherapeuten an der Küste im Norden Kaliforniens abzuhalten. Da er unsere Beziehung und meine Meinung in diesen Dingen hoch schätzte, wollte er ganz sicher gehen, daß er das buddhistische Konzept des Sterbens und des Todes richtig verstanden hatte, insbesondere das Phowa, das ich bei Michael durchgeführt hatte.

Wie sich herausstellte, war der Informationsaustauch der eher unbedeutendere Teil unserer Unterhaltung. Er hatte sich zwar durch das meiste hindurchgearbeitet, was bei Michaels Ableben geschehen war, aber es gab immer noch Dinge, die an ihm nagten, Dinge, die offensichtlich eine größere Bedeutung und längere Vorgeschichte hatten, als er selbst zuvor erkannt hatte.

Bis zu diesem Tag hatte ich Loic nichts von dem meditativen Zustand erzählt, aus dem heraus ich während Michaels Ableben agiert hatte und wie in Michaels letzten Momenten die Bewegungen der einzelnen Personen und ihre endgültigen Positionen bei Michaels letztem Atemzug so wunderbar vollkommen auf mich gewirkt hatten. Loic hatte inzwischen schon wieder vergessen, wo genau er sich in diesem Moment befunden hatte. Also frischte ich sein Gedächtnis etwas auf.

Loic wieder genau dorthin in das Zimmer zurückzuversetzen, wo er bei Michaels Ableben gewesen war, brachte nicht nur die Gefühle von damals wieder zum Vorschein, sondern auch von einem anderen Ereignis, das er schon lange vergessen hatte. Seine Rolle als Beistand Mrs. Steins und nicht die des Loic – der geliebte Freund, der dem Tod von Michael beiwohnt – führte ihn zurück zu dem Tod seines Großvaters, als er noch klein war.

Er hatte mit seinem Vater zusammen den Raum betreten, in dem sein Großvater im Sterben lag. Als Loics Vater in Angst und Panik das betrachtete, was er vor sich sah, fühlte Loic sich hin- und hergerissen zwischen dem Wunsch, bei seinem

Großvater zu sein und alle Traurigkeit eines kleinen Jungen zu verspüren, und dem Wunsch, seinem Vater ein Trost zu sein. In dem Augenblick, als sein Großvater entschlief, war Loic seinem eigenen Vater zugewandt und hielt ihn im Arm. Der kleine Junge durfte also nie Zeuge des Ablebens seines Großvaters werden oder ganz um ihn trauern. So hatte Loic gelernt, beim Tod und in den Tragödien des Lebens ein Beistandleistender zu sein – ein in Wahrheit selbst verletzter Heiler. Erst jetzt konnte er die Gefühle des kleinen Jungen zulassen und gleichzeitig ein Gespür dafür entwickeln, wie dieser Vorfall seine Wesensart und die späteren Wege, die er in seinem Leben einschlagen sollte, geprägt hatte. Diese Enthüllungen waren zugleich schmerzlich und befreiend, denn nun konnte Loic an der unbewältigten Trauer rühren, die er so viele Jahre mit sich herumgetragen hatte. Unsere Unterhaltung wurde immer wieder durch langes Schweigen und schweres Atmen unterbrochen. Weitere Puzzleteile fügten sich in das Bild, zum Beispiel, warum Loic so darauf drang, daß sein Vater an seinem Workshop teilnahm.

Aber als ob die Gewichtigkeit dieser Unterhaltungen und die Erkenntnisse, die sie in Loics Leben brachten, nicht genug gewesen wären, drängte ihn auch die Entwicklung der Ereignisse zu einer veränderten Sichtweise seiner selbst, seines Berufes und seiner Beziehung zum Sterben und dem Tod.

In den kommenden Wochen waren unsere Telefonate wieder häufiger. Im Verlauf unserer Gespräche wirkte es, als hätte Loic hart an sich gearbeitet, jedes Überbleibsel von Reue oder Bedauern im Zusammenhang mit dem Ableben von Michael und seinem Großvater aufzulösen. Unsere Unterhaltungen wurden milder, kreisten mehr um existentielle und spirituelle Fragen als um reine Informationen.

Und als sein Workshop gerade kurz bevorstand, kam ein

Anruf von seinem Vater, der Loics Vorsatz, seinen mit der Geschichte geschlossenen Frieden und seine neuerworbene erweiterte Sicht des Sterbens und des Todes auf die Probe stellen sollte. Als Loic mit seiner Freundin Urlaub auf Hawaii machte, starb sein Bruder Lucienne plötzlich an Herzversagen. Ich besuchte gerade meine Eltern in Florida, als Loic mit dieser Nachricht anrief. Als wir über seinen Bruder sprachen und darüber, was er, Loic, jetzt für sich und seine Familie zu tun hätte, fiel uns beiden auf, in welch erstaunlichem Tempo unsere Unterhaltungen voranschritten und wie sie als Katalysator für Entdeckungen und Entschlüsse dienten. Was ursprünglich als Sammeln von Fakten begonnen hatte, damit Loic, der berufliche Helfer, der Weiterbildung seiner Kollegen dienlich sein konnte, war zu einem Wendepunkt in Loics persönlicher Odyssee geworden – und jetzt sogar zu einer Vorbereitung, die Loic benötigte, um dem Sterben seines geliebten Bruders entgegenzutreten und es zu akzeptieren. Er hatte jetzt die persönlichen *und* überpersönlichen Kenntnisse, um seine eigenen Bedürfnisse als trauernder Bruder zu befriedigen und gleichzeitig eine Stütze für seine Familie zu sein. Er konnte Mann sein, kleiner Bruder und weiser Sohn und Vater zugleich. Schmerzen, die einmal weggeschlossen worden waren, heilten nun. Die Zeit und das Timing der Ereignisse während ihrer Entwicklung hatten Loic die Möglichkeit gelassen, die verschiedenen Aspekte unseres Seins, die jeden von uns zu dem machen, was wir sind, anzunehmen und nicht aus den Augen zu verlieren.

Wer dirigiert auf wundersame Weise diese Symphonie, die wir Leben nennen?

6 Praktische Dinge

Jedes Atom vibriert vor Freude und
wird zusammengehalten von der Liebe.
LAMA OLE NYDAHL

Als was wir den Tod nun auch betrachten, als Teil des Lebens, als potentiell spirituelles Erlebnis oder als große Chance, eines ist er in unserer Kultur mit Sicherheit: ein medizinisches und ein gesetzliches Ereignis. Und gewiß gibt es dafür auch gute Gründe.

Viele Menschen, die einmal in Lebensgefahr schwebten, sind den Fängen des Todes wieder entronnen, weil in Notaufnahmen und von Rettungsdiensten übermenschliche Anstrengungen unternommen wurden. Von einer rein säkularen Betrachtungsweise aus kann man dies als positiv werten. Alle Beteiligten – das Personal in der Notaufnahme, die Sanitäter, Familien, Freunde und diejenigen, die »am Abgrund« standen – haben diese Rettungsmaßnahmen mit Beifall und Dankbarkeit bedacht. Vorfälle dieser Art eignen sich für die Nachrichten zur besten Sendezeit. Auch wird sich feststellen lassen, daß Interventionen aus juristischer Warte, was das Sterben angeht – sprich, gerichtliche Untersuchungen von Todesursachen –, zur Folge haben, daß immer weniger Menschen durch Fahrlässigkeit oder andere Formen der Fehlbehandlung sterben. Im großen und ganzen sehe ich in diesen Maßnahmen ein Zeichen für die immer stärkere Ausweitung unseres menschlichen Mitgefühls, und wir Menschen sollten dafür Beifall ernten.

Gleichzeitig werden jedoch solch übermenschliche Anstrengungen und die juristischen Bestimmungen für das Vorgehen in solchen Situationen zunehmend in Frage gestellt. Das gilt insbesondere für tödliche, unheilbare Krankheiten und für Fälle, in denen dem Menschen, der ins Leben zurückgebracht wird, nur wenig mehr als die Funktionen seines Stammhirns bleiben.

Es ist meine feste Meinung, daß wir den Zeitpunkt des Todes nicht verändern; daß wir durch kosmische Konstellationen von Zeit und Umständen an jedes denkbare Todesszenarium geführt werden. Die Menschen, die an den Sterbeprozessen beteiligt sind, und die Rolle, die sie darin spielen, sind Teil einer unsichtbaren Matrix. Es mag sein, daß wir die Logik dieser Matrix nicht verstehen oder sie uns nicht besonders gefällt. Wenn wir trotzdem an dem Vorgang, der sich vor uns entfaltet, bewußt und aktiv teilnehmen wollen, ist der beste Weg hierzu, Vorsätze zu fassen – wie in jeder Situation unseres Lebens. Wir erweitern damit unser Wirkungsfeld und können spielerisch und schöpferisch dahingehend handeln, selbst diese Umstände zu einem günstigeren und vielleicht sogar dem erwünschten Abschluß zu bringen.

Nehmen wir an, wir sind unheilbar krank und möchten nicht wiederbelebt werden, wenn uns der Atem versagt. Vielleicht geraten wir in einen Autounfall und möchten nicht künstlich am Leben gehalten werden, wenn Hirntod diagnostiziert wurde. Was, wenn wir aufgrund einer Krankheit für geistig unzurechnungsfähig erklärt werden und wir scheinbar keine Entscheidungen mehr über uns selbst treffen können? Was, wenn wir in Koma fallen und nicht mehr selbst für uns sprechen können?

Einfacher ausgedrückt: Besitzen wir kein rechtlich anerkanntes Schriftstück, in dem festgehalten ist, was in solchen

Fällen mit uns geschehen beziehungsweise nicht geschehen soll, oder haben wir niemanden, der gerichtlich dazu bestimmt ist, an unserer Statt uns selbst und unsere Wünsche zu vertreten, dann entscheidet der Arzt, welche Maßnahmen am ehesten im Sinne des Patienten wären.* Möchten wir jedoch entsprechend unseren Anschauungen über Leben und Tod auf keinen Fall künstlich am Leben gehalten werden, wollen wir, daß der Tod kommt, wenn unsere Möglichkeiten erschöpft sind und die Umstände es verlangen, dann sind wir gut beraten, uns eine Patientenverfügung zu besorgen oder einen Vertreter für diese Fälle zu bestimmen.

Vordrucke für die Patientenverfügung sind über die *Patienteninitiative e.V.* oder die *Bundesarbeitsgemeinschaft Hospiz* zu beziehen. Die juristischen Fragen bezüglich der Patientenverfügung sind allerdings in Deutschland – anders als es in Amerika mit dem *Living Will* der Fall ist – nicht ganz geklärt. So kann ein Arzt trotz vorhandener Patientenverfügung wegen unterlassener Hilfeleistung angeklagt werden und wird daher im Zweifelsfall eventuell gegen die Patientenverfügung entscheiden. Vor allem spricht gegen die Vordrucke der Patientenverfügung, daß die Entwicklung der modernen Medizin in so rasantem Tempo voranschreitet, daß die darin verfügten Wünsche unter Umständen rasch ihre Gültigkeit verlieren. Besser ist es, wenn man jemanden bestimmt, der mit dem Wissen aller Aspekte der jeweiligen Situation die Entscheidungen trifft. Auch hier ist die Gesetzgebung noch nicht ganz geklärt. Seit 1998 gibt es in Deutschland eine Vollmachtsgesetzgebung, nach der man seinen Vertreter selbst bestimmen kann. Dies muß allerdings notariell beglaubigt werden. Früher

* A.d.Ü.: Dieser und die folgenden zwei Absätze geben – im Unterschied zum Original – deutsche Verhältnisse wieder.

wurde dieser Vertreter vom Gericht bestimmt, und die Gesetze sind noch nicht ganz an die neue Situation angepaßt. Es sind allerdings keine Fälle bekannt, in denen der ausdrückliche Wunsch des Patienten mißachtet wurde. Laut Patienteninitiative genügt auch eine handschriftliche Erklärung, die Ärzte gegenüber einer bestimmten Person von der Schweigepflicht zu entbinden und diese Person als Vetreter zu bestimmen. Es ist natürlich nützlich, den Vertreter dies gegenzeichnen zu lassen und sich vom Hausarzt auf dem Dokument Zurechnungsfähigkeit bestätigen zu lassen. Auf jeden Fall sollten aber der Vertreter und möglichst noch andere Personen von der Existenz dieser Dokumente wissen.

Was unbedingt zu beachten ist: genügend Kopien anfertigen. Eine sollte natürlich bei den eigenen Unterlagen aufgehoben werden, eine in der Brieftasche, im Portemonnaie, im Auto, am Kühlschrank und anderen deutlich sichtbaren Orten. Wenn man zum Beispiel in einen Autounfall gerät und die Papiere nicht bei sich hat und auch Freunde sie dem Krankenhaus nicht vorlegen können, dann werden die Ärzte die Entscheidungen treffen. In Amerika ist es – anders als in Deutschland – Gesetz, daß in jedem Fall alle erdenklichen Rettungsversuche unternommen werden müssen. Ich war Außenstehender in einem solchen Fall, der als Paradebeispiel dafür dienen kann, wie es nicht sein sollte.

Es war Delias neunzigster Geburtstag, und ihr Enkel Charles hatte ihre Familie und Freunde aus dem ganzen Land dazu eingeladen.

Jahre zuvor hatte Delia ihr Haus verkauft und war in ein Appartement in der Wohnanlage eines Pflegeheims gezogen, in dem sie betreut wohnen konnte. Mit den Jahren verlangte ihr Zustand mehr Aufmerksamkeit, und so lebte sie inzwischen auf einer der Pflegestationen des Heims. Die Angestellten mochten Delia. Als Charles aus der Stadt kam, um die Festlichkeiten zu organisieren, hatten die Schwestern Delia schon ihr schönstes Kleid angezogen und die Haare zurechtgemacht. Charles hatte sich um alle Vorbereitungen gekümmert. Im Restaurant, in das sie gehen wollten, wartete man bereits, und viele von Delias liebsten Freunden und Angehörigen hatten sich versammelt.

Delia amüsierte sich. Dann sollte dem Geburtstagskind ein Ständchen gebracht werden. Kellner trugen eine schön verzierte Torte herein und stellten sie vor Delia hin. Gerade als der Gesang anhob, wurde Delias Gesicht plötzlich aschfahl, sie sackte in sich zusammen und lag mit dem Gesicht in der Torte. Sie hatte einen schweren Schlaganfall.

Es herrschte große Aufregung, und der Notarzt wurde gerufen. Delia hatte einen »Living Will«, aber sie trug ihn nicht bei sich, und er war auch nicht in ihrer Handtasche. Weder Charles noch sonst ein Anwesender wußte um ihre Wünsche. Also taten die Sanitäter, was das Gesetz ihnen zu tun vorschreibt, wenn ihnen keine anderen Informationen vorliegen. Alle möglichen Maßnahmen wurden ergriffen, und binnen einer Stunde hing sie in der Notaufnahme an Maschinen, die sie künstlich am Leben hielten. Das Pflegeheim wurde informiert, und die Angestellten dort teilten dem Personal der Notaufnahme mit, daß Delia einen »Living Will« hatte. Es ist vom Gesetz her aber weniger problematisch, jemanden nicht künstlich am Leben zu erhalten, als die Maschinen später wieder abzuschalten, wenn sie erst einmal angeschlossen sind. Das Krankenhauspersonal wollte die Verantwortung für eine solche Entscheidung nicht übernehmen. So kam es, daß Delia, an Maschinen angeschlossen, mit einem Krankenwagen ins Pflegeheim transportiert wurde, als ihr Zustand einigermaßen stabil war (obwohl ihr Gehirn durch den Schlaganfall erheblich geschädigt war). Da war sie nun, ausgerüstet mit High-Tech-Apparaten neben ihrem Bett.

Ihr Enkel Charles, der sich für die Tragödie verantwortlich fühlte, hatte den Angestellten des Pflegeheims inzwischen mitgeteilt, daß er einfach nicht ansehen könne, was seine Großmutter durchmache, und war nach Hause abgereist. Kein Vertreter Delias trat vor, noch sonst irgendein Freund oder Angehöriger. Es dauerte drei Tage, bis die Angestellten des Pflegeheims nach Beratungen mit Ärzten und ihrer Rechtsabteilung zu einer Entscheidung kamen, die alle für liebevoll, ethisch und legal hielten. Sie entschieden, unter diesen Umständen die Wünsche von Delias »Living Will« zu achten. Die Apparate wurden abgeschaltet, und Delia starb wenige Stunden später.

Ich weiß nicht, ob Charles jemals irgendeine Beratung erhalten hat. Aber ich weiß, daß viele Angestellte des Pflegeheims berichteten, daß Delias Tod einer der schwersten und schmerzhaftesten war, die sie je miterlebt haben.

Diese Episode steht beispielhaft für eine Situation, in der die Rettungsdienste und das Krankenhaus genau nach den gesetzlichen Vorschriften der USA vorgegangen sind. Es gibt aber auch zahlreiche Beispiele, wo der »Living Will« seitens der Krankenhäuser und Rettungsdienste mißachtet wurde. In Deutschland würde dies nicht einmal gegen das Gesetz verstoßen. In den USA hingegen haben solche Fälle Aufmerksamkeit erregt. Wenn man zynisch sein wollte, könnte man sagen, daß mit derlei Maßnahmen und der nötigen Technik, um einen Menschen am Leben zu erhalten, eine Menge Geld verdient werden kann. Von all den Folgen, die die moderne Medizin im amerikanischen Gesundheitswesen nach sich zieht, ist diese eine der abscheulichsten: Solche Eingriffe können Familien finanziell ruinieren. Aber wie ich schon in der Geschichte meines Vaters sagte: es ist alles Teil unseres Todestanzes. Bestimmte Ursachen und Umstände haben dazu geführt, daß dies Teil der Realität ist, die für einige von uns so sein wird. Aber auch diese Umstände sind auf ihre Art »vollendet«. Wenn wir also fragen, warum es einigen Menschen passiert, daß ihre Wünsche mißachtet werden und sie solche Probleme bekommen, und anderen nicht, müssen wir in spirituellen, kosmischen oder göttlichen Relationen denken. Das sollte uns aber nicht davon abhalten, allein oder in Gemeinschaft mit anderen den politischen und ökonomischen Zwängen eine aufgeklärte Sichtweise entgegenzuhalten, damit sie irgendwann geändert werden. Schließlich liegen das Geistliche und das Weltliche gar nicht so weit auseinander – wenn überhaupt. Es ist Aufgabe jedes einzelnen, seine Erkenntnisse und die Verfolgung seiner Ziele dahingehend zu lenken, mehr Licht und Klarheit in diese Angelegenheiten zu bringen. Wenn man bestimmte Vorstellungen für seinen Tod hat, dann muß man zumindest dafür sorgen, daß diese Vorstellungen bekannt werden. Ob man dann erreicht, was man sich wünscht, ist eine ganz andere Frage. Ein Mensch, der sich in einen Abgrund stürzt, mag auf dem Weg nach unten vielleicht erkennen, daß es falsch war, und sich vornehmen, es nie wieder zu tun. Trotzdem wird die Schwerkraft aller Wahrscheinlichkeit nach ihr Recht verlangen. Aber man denke daran: *nichts geschieht je umsonst*. Die Mühe, die man aufwendet, führt nicht nur zum eigenen, sondern auch zum langsamen Erwachen aller Menschen um einen herum.

In Büchern und in den amerikanischen Hospiz-Organisationen gibt es Fragebögen, die sich an unsere Werte und unsere

Haltung dem Tod gegenüber richten. Sie können uns dabei helfen, unsere Gedanken zu ordnen, was wir für unseren Tod wollen und was nicht. Ich überlasse es jedem selbst, solche Angebote wahrzunehmen. Die in den Vereinigten Staaten am weitesten verbreiteten Fragebögen dieser Art wurden im Institut für Öffentliches Recht an der Universität von New Mexico in Albuquerque entworfen. Dort kann man weitere Informationen erhalten.*

Was nun das Sterben anbelangt, so gibt es einige grundlegende Punkte, die man rechtzeitig in Betracht ziehen oder vorher so gut wie möglich klären sollte. Der Tod kann schon im nächsten Augenblick kommen. In vielen Kulturen sind die Antworten auf das Elend, vor das einen Tod und Sterben stellen, eng in den Glauben und seine Riten eingewoben. In vielen Kulturen greift die Gesellschaft ein, wenn ein Mensch stirbt, so daß die Trauernden trauern können. Aber in einer »Schmelztiegel«-Gesellschaft, wie sie im Westen so häufig anzutreffen ist, wo zum Beispiel ein Moslem neben einem Katholiken in einer fundamentalistisch orientierten Stadt wohnt, wird es zur unumgänglichen Aufgabe, diese Dinge im Vorhinein zu erörtern.

Man muß seinen Tod zusammen mit Freunden und seiner Familie planen, um – soweit es geht – sicherzustellen, daß die Behandlung, während man stirbt und wenn man tot ist, mit dem eigenen Glauben und den eigenen Wünschen in Einklang steht.

Die nachstehende Liste ist nicht erschöpfend, aber sie sollte Anregung sein, über die praktischen Dinge, die vor dem Eintreten des Todes und danach anstehen, nachzudenken.**

* A.d.Ü.: Solche Fragebögen gibt es in deutschen Hospizen nicht.
** A.d.Ü.: Die folgende Liste wurde auf deutsche Verhältnisse angepaßt.

1. Gibt es bestimmte Rituale, die Sterbenden beim Eintritt in den Tod wichtig sind?
2. Wie möchten Sterbende ihre Körper behandelt wissen, wenn sie gestorben sind (gewaschen, in ein Leichentuch gewickelt usw.)?
3. Was für ein Begräbnis wird gewünscht? Spielt die religiöse Überzeugung der Gesellschaft eine Rolle bei dieser Entscheidung? (Z.B. ist es in Deutschland den Moslems erst seit 1999 erlaubt, ihre Toten ohne Sarg zu beerdigen.)
4. Welche Gesetze muß man bei Begräbnissen und im Todesfall beachten? Welche behördlichen Stellen müssen informiert werden? Bei Feuerbestattungen muß z.B. eine amtsärztliche Untersuchung vorliegen, im Fall eines unnatürlichen Todes eine Genehmigung der Polizei. Wo soll die Beerdigung stattfinden? Will man den Friedhofszwang in Deutschland umgehen, bleibt nur die Möglichkeit einer Seebestattung. Für solche Fragen sollte man rechtzeitig Kontakt mit einem Beerdigungsinstitut aufnehmen und Vorsorge treffen.
5. Wenn es eine Trauerfeier geben soll, was soll bei der Feier stattfinden (Gebete, Musik, Rede) und wer soll kommen (Gäste, Vertreter der Kirche usw.)?

Wenn der Tod kurz bevorsteht, können solche Fragen für gewöhnlich kaum noch sachlich und ohne Emotionen besprochen werden. Wenn man tot ist, kann man schließlich nicht mehr sagen, was man wollte. Über den Tod nachdenken und klare, bewußte Entscheidungen treffen, sollte man daher – wie auch sonst im Leben – am besten in einer Atmosphäre, die solchen Entscheidungen zuträglich ist. Wie ich schon sagte, das bedeutet nicht, daß man morbid wäre. Es ist im Gegenteil ein Versuch, den Tod anzunehmen und ihn zu einem Teil eines ganz bewußt gelebten Lebens zu machen. Auf pragmatischer Ebene nutzen diese im voraus getroffenen Anweisungen den Familien und den Freunden: es wird ihnen dadurch erspart, in Leichenhallen oder Bestattungsunternehmen überhastete Entscheidungen zu treffen. Wenn man von Gefühlen überwältigt und verwirrt ist, kann es leicht passieren, daß man sich für Dinge entscheidet, die unnötig und häufig sehr kostspielig sind.

7 Wenn der Augenblick naht

Psychologische und soziale Anzeichen und Symptome

Eine der häufigsten Fragen von Freunden und Nahestehenden, die sich um Sterbende kümmern oder ihrem Tod beiwohnen, wird gewöhnlich in einem Moment gestellt, wenn man etwas abseits ist und der Sterbende einen nicht hören kann. Die Frage kommt in unzähligen Varianten, meint letzten Endes aber immer das gleiche:

»Wie lange dauert es wohl noch?«

Jeder, der lang mit Sterbenden zu tun hatte, hat ein Gespür dafür, wie schnell oder wie langsam das Ende naht. Hier spielen körperliche, emotionelle, verhaltensbedingte und spirituelle Faktoren mit hinein. Unabhängig vom Ausgang – ob die Sterbenden früher oder später gehen, als man angenommen hat – ist es immer wieder wohltuend, wenn man sich irrt. Ich habe sterbende Menschen gesehen, die nur etwas Feuchtigkeit zu sich nahmen, die sie vom Ende eines Wattestäbchens saugten, und monatelang im Bett lagen. Und ich habe äußerst widerstandsfähige Menschen gesehen, die einfach zusammenklappten und binnen einer Woche gestorben waren. In beiden Fällen sind die Anzeichen und Symptome die gleichen, nur der Zeitrahmen, in dem sie auftreten, ist unterschiedlich. Wenn viele Faktoren gleichzeitig auftreten, dann steht der Augenblick vermutlich kurz bevor. Man kann dann sagen: Es dauert nicht mehr lang. Unerträglich ist es allerdings, wenn jemand auf die Uhr schaut und behauptet, er könne wie bei einem Countdown den genauen Zeitpunkt benennen. Leider habe ich von Ärzten, Krankenschwestern und Sozialarbeitern gehört, die genau dies tun. Das Ergebnis ist bloß größere Aufregung, Angst und Enttäuschung.

Wie ich Geschichte für Geschichte aufzuzeigen versucht habe, hat das Sterben seine eigene Zeit. Von körperlichen Anzeichen dafür, daß der Augenblick naht, wird häufig berichtet. Darüber hinaus habe ich auch andere Faktoren beobachtet, die Teil des Sterbens zu sein scheinen. Denn wie man aus jeder Geschichte erfahren hat, bildet das Sterben jedes individuellen Wesens das Zentrum einer ganzen Sphäre, die sich im Lichte dieses Sterbens wandelt.

Viele Sozialarbeiter haben Bedenken, Angehörigen und Freunden eine Liste mit Merkmalen zu geben, an denen man erkennen kann, wann der Augenblick kurz bevorsteht. Und sie haben recht damit. Denn nicht selten verwirrt es die Menschen, wenn sie darauf warten, daß die Symptome eintreten, und oft kommt es dann zu Gefühlsausbrüchen. Wenn eine solche Liste jedoch eine Grundlage für die Betroffenen bilden kann – eine Art Plan, an dem man ablesen kann, was als nächstes passiert, und der hilft, darauf vorbereitet zu sein und das Gleichgewicht zu bewahren –, dann werden sich Angst und Aufregung verringern. Denn was zur Zeit des Todes passiert, wird den Menschen auf diese Weise vertrauter und ist dann realistischer einzuschätzen. Ein weiterer Vorteil solcher Listen ist, daß sie Trauernden eine Hilfe sein kann, wenn diese zurückblicken und sich daran erinnern, was sie erlebt haben. Die Liste kann den Trauernden als Schema dienen, in das sie eine Fülle von Situationen und Gefühlen einordnen können, mit denen sie zu der Zeit, da diese geschahen, überfordert waren.

Leider läßt sich nicht vermeiden, daß einige sich im nachhinein Vorwürfe machen werden, weil sie es nicht damals schon besser gewußt haben. Diesen Menschen möchte ich sagen: Denkt daran, daß nichts umsonst geschieht. Man lernt, wenn die Zeit dafür gekommen ist. Jeder hat sein Bestes gegeben und alles getan, als es geschah. Geht nicht so streng mit euch ins Gericht.

Das vorausgeschickt, möchte ich nun einige psychologische und soziale Anzeichen für das nahe Bevorstehen des Augenblicks aufzählen. Sie basieren auf meinen Beobachtungen. Ich hoffe, daß sie sich der Leserin, dem Leser als nützlich erweisen. Diejenigen, die gern die körperlichen Anzeichen für das Nahen des Augenblicks wissen wollen, sollten sich in einem Hospiz informieren.

Die folgenden Anzeichen und Symptome stehen in keiner bestimmten Reihenfolge. Einige, manche oder alle mögen zutreffen. Diese Liste ist nicht erschöpfend. Jeder mag andere Erfahrungen machen oder gemacht haben, die für ihn Wegweiser waren oder den Übergang in eine neue Dimension seiner Realität kennzeichneten. Man denke daran, seinem Verstand zu trauen. Der wichtigste Punkt ist immer wieder: *achtsam zu sein.*

1. Das Verhalten sterbender Menschen weicht deutlich vom Gewohnten ab: sie möchten keine Menschen um sich haben, auch wenn sie es sonst immer wollten; oder sie möchten Menschen um sich haben, vielleicht sogar bestimmte Menschen, zu denen die Beziehung vorher schwierig war.
2. Sterbende sehen Menschen im Raum, die kein anderer sehen kann. Dies können Fremde sein oder Freunde und Verwandte, die schon tot sind.

3. Wenn Sterbende sich »ausruhen«, strecken sie die Hand nach jemandem aus, als ob jemand direkt neben ihnen steht. Merken sie, daß es nur ein Traum war, sinkt die Hand zurück.
4. Sterbende, die sich früher gern massieren ließen, scheinen es jetzt nicht mehr zu mögen, wenn ihre Füße gerieben oder berührt werden.
5. Sterbende beginnen, verschiedene Dinge zum Abschluß zu bringen: Finanzen regeln; sich mit Freunden oder Angehörigen in Kontakt setzen, von denen man sich entfremdet hatte; soziale oder spirituelle Bekenntnisse ablegen.
6. Sterbende klagen nicht mehr über Schmerz.
7. Sterbende verkünden zum ersten Mal, daß sie sterben.
8. Nachdem sie in letzter Zeit nur wenig oder gar keinen Appetit gehabt haben, haben Sterbende wieder Hunger und essen recht viel. (Dies ist eine der schwierigsten Situationen, weil die Angehörigen und Freunde oft denken, daß es den Sterbenden besser geht. Nach dieser einen Mahlzeit haben die Sterbenden kein Interesse mehr an Nahrung.)
9. Sterbende machen Bemerkungen über die Lichtverhältnisse, sie nehmen helle oder trübe Lichter wahr.
10. Sterbende spielen routinemäßige Bewegungsabläufe aus der Vergangenheit durch: bestimmte Tätigkeiten wie Nähen, Brotbacken usw. Höchstwahrscheinlich sind dies Metaphern für das Erarbeiten des Sterbevorgangs. Wenn die Aufgabe erfüllt ist, verschwindet die »Halluzination« meist wieder.
11. Das Verhalten von Haustieren ändert sich. Sie sind oft die ersten, die spüren, daß der Tod eines Menschen kurz bevorsteht.

12. Die Beistandleistenden stellen eine Veränderung in ihrem eigenen Verhalten fest: sie fühlen sich aufgeregter; haben Angst, das Haus zu verlassen; haben das Bedürfnis wegzukommen; verspüren den starken Drang, wieder zu den Sterbenden zurückzukehren; achten auf Details, die vorher nicht beachtet wurden, zumindest nicht in diesem Ausmaß (z.B. obsessives Putzen); können sich auf nichts konzentrieren oder erfahren eine dramatische Zunahme von Gefühlen, die sie nicht mehr ertragen können.

Die Zeit schwindet

Zum Schluß möchte ich mich zunächst noch einmal an Sterbende richten, und dann an diejenigen, die einen geliebten Menschen auf seinem Weg zum Tod begleiten oder begleitet haben.

Wenn das Ende dieses Körpers, den wir bewohnen, sich nähert, nehmen lang zurückliegende Erinnerungen genauso klare Formen an wie die Dinge vom Vortag oder noch vom gleichen Tag – vielleicht sogar klarere Formen. Die Zeit scheint inmitten dieser Erfahrung zu schwinden. Wenn man es nicht schon getan hat, findet man jetzt heraus, daß das, was das eigene Wesen wirklich ausmacht – einige nennen es die Seele –, in Wahrheit zeitlos ist. Ereignisse bilden nur noch den Kontext, an dem sich die wahre Natur des eigenen Wesens manifestiert. Wenn man genauer hinschaut, erkennt man, daß diese Ereignisse zum eigenen Wesen dazugehören: Die gemachte Erfahrung und der Erfahrende sind eins. Es gibt keine Sprache, die die Erfahrung des »Einswerdens« angemessen zum Ausdruck bringen könnte, außer der Sprache der Metapher.* Das Eins-Werden geschieht in blitzartigen Erleuchtungen, und in der Energie, die unser Sterben umgibt, tritt es fraglos an die Oberfläche. Die Atmosphäre ist während des Sterbens von Gnade und von Möglichkeiten erfüllt. Die den Sterbenden umgebenden Menschen spüren, wie ein Strahlen und eine Ruhe von ihm ausgehen, wenn der Tod naht. Das ist das wahre eigene Wesen, befreit von den Fesseln des Körpers und der Schmerzen. Diese Wahrheit tritt dann umso deutlicher hervor, wenn man stirbt und wenn man tot ist.

Denjenigen, die dem Sterben beiwohnen, möchte ich sagen: schaut den Sterbenden vor euch in die Augen. Blickt hinter den Gesichtsausdruck, die Erscheinung, die körperliche Verfassung. Seht tief hinein. Und denjenigen, deren geliebter Mensch bereits verstorben ist: erinnert euch an diesen Anblick.

Es wird gesagt, daß die Augen die Fenster zur Seele sind. Auf welche Art man das auch interpretieren mag, seht einfach hin. Man wird diesen Menschen dabei als Kind, als Teenager, als Erwachsenen und als alten Menschen sehen – alle Stationen des Lebens, die dieser Mensch durchlaufen hat. Und durch das Kaleidoskop aus Erfahrungen, die sein Leben bildeten, wird man in all diesen Stationen das zeitlose wahre Wesen durchscheinen sehen.

Öffnen Sie sich dieser Erfahrung. Lassen Sie Hoffnung, Angst und Erwartungen wegfallen. Denn lang, nachdem die Erinnerung an die Ereignisse vergangen ist, wird dieses wahre Wesen weiterhin ein Teil von Ihnen sein. Es kann nicht ster-

* »Für seine Sünden Buße zu tun« (*atonement for one's sins*), bedeutet in Wahrheit, sich von der Illusion der Trennung von Gott zu befreien, eben, »Eins zu werden« (*at-one-ment*).

ben, denn das Zeitlose besitzt keinen Anfang und kein Ende. Teilhard de Chardin sagte einmal: »Wir sind nicht menschliche Wesen, die spirituelle Erlebnisse haben, sondern spirituelle Wesen, die menschliche Erlebnisse haben.« In diesem Sinne ist das Erlebnis, Mensch zu sein, das überdauernde Geschenk, das die Menschheit dem Geist vermacht.

Es ist das Geschenk, das die Sterbenden uns Lebenden machen.

Der fünfundachtzigjährige Edgar lag in seinem Bett. In seinem Schädel war ein Loch, durch das alle sein vom Krebs zerfressenes Hirn sehen konnten. Die meisten Tage verbrachte er in einem ständigen Fluß zwischen Schlafen und Wachen. Eines Morgens, als er gerade einmal wieder aufwachte, blickte seine Frau Lorraine ihm angestrengt in die Augen. Sie wußte nicht, ob er sie erkannte oder nicht.

»Edgar, weißt du, wer ich bin?«

Seine Augen weiteten sich bei dieser Frage. Er lächelte. Sanft flüsterte er: »Du bist meine Geliebte.«

Literatur

Castaneda, Carlos. *Reise nach Ixtlan – Die Lehre des Don Juan*. Frankfurt a. M.: Fischer Taschenbuch Verlag, 1976

Foos-Graber, Anya. *Deathing*. München: Drömer/Knaur (vergriffen)

Kübler-Ross, Elisabeth. *Interwievs mit Sterbenden*. Gütersloh: Gütersloher Verlagsanstalt, 1992

Levine, Stephen. *Wege durch den Tod*. Bielefeld: Context Verlag, 4. Auflage 1997

Moore, Thomas. *Die Seele lieben*. München: Drömer/Knaur (vergriffen)

Nuland, Sherwin B. *Wie wir sterben: ein Ende in Würde*. München: Kindler, 1994

Rinpoche, Sogyal. *Das Tibetische Buch vom Leben und vom Sterben – ein Schlüssel zum tieferen Verständnis von Leben und Tod*. Bern, München, Wien: Otto Wilhelm Barth Verlag, 1998

Sachs, Robert. *Rebirth into Pure Land*. San Francisco: Clear Light Books, 1993

Tulku, Tarthang. *Befreiendes Wissen: Zeit zur Veränderung*. Münster: Dharma Publishing Deutschland, 1992

Weil, Andrew. *Das erweiterte Bewußtsein – Therapie in eigener Sache*. Stuttgart: Deutsche Verlagsanstalt, 1974

Wilber, Ken. *Mut und Gnade. In einer Krankheit zum Tode bewährt sich eine große Liebe*. München: Goldmann Verlag, 1996

Adressen

Für weitere Informationen kann man sich an die folgenden Organisationen wenden:

Adressen in Deutschland:

Bundesarbeitsgemeinschaft Hospiz	Steinweg 54 06110 Halle/Saale Tel.: 0345 - 203 19 52
Deutsche Hospiz Stiftung	Hohe Eiche 29 44229 Dortmund Tel.: 0231 - 73 80 73 - 0 Fax.: 0231 - 73 80 73 - 1
Hamburg Leuchtfeuer Hospiz	Simon-von-Utrecht-Str. 4d 20359 Hamburg Tel.: 040 - 31 77 80 - 0 www.hamburg-leucht-feuer.de
Patienteninitiative e.V.	Preystr. 8 22303 Hamburg Tel.: 040 - 279 64 65
RIGPA e.V.	Paul-Gerhardt-Allee 34 81245 München Tel.: 089 - 89 62 05 15
Tibetisches Zentrum e.V.	Hermann-Balk-Str. 106 22147 Hamburg Tel.: 040 - 64 49 26 52

Adressen in den USA:

Institute of Public Law	University of New Mexico 1117 Stanford NE Albuquerque, NM 87131 Tel.: 001 - 505 - 277 5006
National Hospice Organisation	1901 North Moore St., Suite 901 Arlington, VA 22209 Tel.: 001 - 800 - 646 6460
Spiritual Care for Living and Dying	449 Powell St., Suite 200 San Francisco, CA 94102 Tel.: 001 - 415 - 392 2057

Um die Praxis des bewußten Sterbens entsprechend der Tradition des tibetischen Buddhismus zu lernen:

Kamtsang Choling Buddhist Center	110 Merced Ave. San Francisco, CA 94127 Tel.: 001 - 415 - 661 6467

Das Papier dieses Buches,
einschließlich Überzug und Vorsatz,
besteht zu 100 Prozent aus Altpapier.
Das Kapitalband
wurde aus ungefärbter und ungebleichter
Baumwolle gefertigt.